MÜNSTERSCHWARZACHER KLEINSCHRIFTEN

herausgegeben
von Mönchen der Abtei Münsterschwarzach

Band 54

Guido Kreppold

Die Bergpredigt zwischen Innerlichkeit und Utopie II

VIER-TÜRME-VERLAG MÜNSTERSCHWARZACH
1989

Guido Kreppold

Die Bergpredigt zwischen Innerlichkeit und Utopie II

Teil 2: Handeln aus Freude – die acht Seligpreisungen

VIER-TÜRME-VERLAG MÜNSTERSCHWARZACH
1989

CIP-Titelaufnahme der Deutschen Bibliothek
Kreppold, Guido:
Die Bergpredigt zwischen Innerlichkeit
und Utopie / Guido Kreppold. –
Münsterschwarzach : Vier-Türme-Verlag
Teil 2. Handeln aus Freude:
die acht Seligpreisungen. – 1989
(Münsterschwarzacher Kleinschriften ; Bd. 54)
ISBN 3-87868-387-1
NE: GT

Gesamtherstellung: Vier-Türme-Verlag, D-8711 Münsterschwarzach

ISSN 0171-6360
ISBN 3-87868-387-1

INHALT

„Selig die Armen im Geiste; denn ihrer ist das Himmelreich“ (Mt 5,3)

Das Wort „Selig“ hat keinen guten Klang. Viele erinnert es an süßliche Heiligenbildchen oder unechte religiöse Euphorie. Man befürchtet, mit diesem Wort die Aussagen Jesu zu verniedlichen und einer folgenlosen Innerlichkeit Vorschub zu leisten. Der Vorwurf des Wirklichkeitsverlustes durch das Religiöse ist sehr ernst zu nehmen; denn nicht umsonst wird allerorts über den schwindenden Einfluß des Christentums in der Öffentlichkeit geklagt. Das religiöse Leben muß sich daran messen lassen, inwieweit die harte, bedrückende Wirklichkeit angegangen wird, oder ob es nur bei seelischen Hochstimmungen bleibt. Über den Inhalt und den Erfahrungshintergrund der Seligpreisungen wurde selbst in guten Kommentaren kaum nachgedacht.[1]

In einer kirchlich approbierten Übersetzung[2] wurde das Wort „selig“ zugunsten von „wohl denen“ fallen gelassen. Andere Übersetzer nehmen dafür „Heil denen“[3]. Dabei wird der Akzent mehr darauf gesetzt, wem die Seligpreisungen zugesprochen werden, als darauf, worin sie bestehen. In der älteren Exegese wurden die einleitenden Worte zur Bergpredigt eschatologisch verstanden: „Nicht jetzt sind die Armen, Trauernden, Verfolgten selig, sondern ihr Los in der zukünftigen Welt ist zu preisen.“ Weil Jesus die Verheißung in Vollmacht ausspricht, könnten die Armen und Elenden ihr Los ergeben in den Willen Gottes annehmen.[4]

Der Vorwurf der Vertröstung auf das Jenseits ist schwer zu widerlegen. Weiter hilft der jüdische Theologe Pinchas Lapide, der den griechischen Text auf das Aramäische, die Muttersprache Jesu, zurückführt. Er gibt die Stelle so wieder:

„Glückselig sind die, die vor Gott und der Welt arm sind, denn ihrer ist das Königtum Gottes“.[5] Martin Buber, den Lapide anführt, hat das hebräische, beziehungsweise aramäische „aschrej“ übertragen mit: „O, das Glück!“ (eines Mannes bei Psalm 1). Damit ist zweierlei ausgesprochen: das Glück ist schon gegenwärtig und ist zugleich ein Anruf. „Schaut hin und staunt, welche Freude möglich ist, wenn einer arm ist!“ So könnte man die Seligpreisungen übertragen. Wichtig ist dabei, daß das Wort Jesu nicht ausschließlich auf die Zukunft bezogen ist, sondern einen im Hier und Jetzt erfahrenen Zustand einschließt. Der Nachsatz: „Denn ihrer ist das Himmelreich“ wurde gewöhnlich als die Belohnung verstanden, die den Armen von Jesus zugesprochen wird. Man kann ihn auch als „Begründung“ sehen im ganz wörtlichen Sinn. Das heißt: Menschen, die den Anschluß an den „Grund“, den „Seelengrund“ der mittelalterlichen Mystiker, erfahren und in ständiger Berührung mit dem Heiligen – dem Vater, wie Jesus sagt – stehen, kommt dieses Glück zu. Es geht um jenen Erfahrungshorizont, der mit dem „heiligen Berg“ umschrieben wurde und mit dem „Himmelreich“ gleichgesetzt werden kann.

Den wahren Gehalt des gepriesenen Glücks können wir am ehesten bei Jesus selbst entdecken, zumindest so, wie er im Empfinden der Urgemeinde gegenwärtig war.

Ausgeschlossen ist ein euphorischer Zustand religiöser Natur, eine aufgeheizte Stimmung mit einem alles übertönenden Bekehrungseifer. Die Art Jesu war eher von Zurückhaltung geprägt. Denen, die geheilt wurden und ihm folgten, schärfte er ein, „seinen Ruf nicht zu verbreiten“ (Mt 11,17). Im Jesaja-Wort vom Gottesknecht (Jes. 42/1–4), angewandt auf Jesus, wird dessen

Auftreten gekennzeichnet als das eines Mannes, der eher im Verborgenen wirkt und sich auf öffentliche Streitereien nicht einläßt. „Er wird nicht streiten noch schreien, noch wird man seine Stimme auf den Gassen hören" (Mt 12,19).
Jesus brauchte den Jubel der Massen zu seiner Bestätigung nicht. Als er die Fünftausend gespeist hatte, entzog er sich und seine Jünger dem Volk und stieg auf einen Berg, „um für sich allein zu beten" (Mt 14,22). Eine begeisterte Menge hätte ihn von seiner innersten Stimme und Kraft und damit von sich selbst weggebracht. Im Beten findet er den Kontakt mit seiner Mitte, dem „Vater". Losgelöst von der Erwartung des Volkes, „arm im Geiste", kann er seiner Sendung, sich selbst treu bleiben. Im Einssein mit dem transzendenten Grund, dem Vater, ist das Dasein Jesu bis zum Rand gefüllt. Der Grundton seiner seelischen Verfassung ist Freude, verstanden als überquellendes Erfülltsein. Es wird an verschiedenen Stellen überliefert, wie Jesus seinen Jubel zum Ausdruck bringt. „In jener Stunde jubelte Jesus im Heiligen Geist und sprach: Ich preise dich, Vater, Herr des Himmels und der Erde" (Lk 10,21f, Mt 11,25f). Jesus dankt für den innigen Austausch mit dem Vater und für das Wunder, daß den Jüngern Ähnliches geschieht. „Selig sind die, deren Augen sehen, was ihr seht" (Lk 10,23). „Mein Gott, welches Glück!" Solche Jubelrufe klingen öfters an. In Jesus muß ein andauerndes Empfinden von etwas Schönem, Kostbarem und Leuchtendem gewesen sein. Man kann die Gleichnisse vom Schatz im Acker und von der kostbaren Perle anführen (Mt 13,44f), ebenso den Spruch von den „Gerechten, die leuchten wie die Sonne in ihres Vaters Reich" (Mt 13,43). Ebenso deutet das Wort vom „Auge als Leuchte" (Mt 6,22) daraufhin, wie sehr Jesus die Eigen-

schaft des Leuchtens und Ausstrahlens vertraut ist. Jedermann weiß, welche Gestimmtheit leuchtende Augen verkünden.
Die Freude am Menschlichen und an allem Lebendigen scheint durch das gesamte Verhalten und die Verkündigung Jesu. Die Geschichte vom Gutsherrn, der zuschaut, wie Weizen und Unkraut zu gleicher Zeit wachsen, spricht von einer überlegenen Gelassenheit und Güte des Erzählers; ebenso das Gleichnis vom Hausherrn, der mit seinen Taglöhnern so ungewöhnlich und unrentabel abrechnet (Mt 13,24f, 20,1) Gewiß, Jesus spricht so von seinem Vater. Nie hätte er aber davon reden können, wenn diese Eigenschaften nicht in ihm selbst gelebt hätten. Nur aus der in ihm vorhandenen Großzügigkeit sind seine Mahnungen zu verstehen, Gleiches zu tun: Die einzuladen, die es einem nicht vergelten können; zu leihen, ohne zurückzufordern; die zu lieben, die einen nicht lieben; dem zu geben, der einen bittet; dem das Hemd zu überlassen, der den Mantel will; mit dem zwei Meilen zu gehen, der eine Meile erzwingen will (vgl. Mt 5,41f, Lk 6,27f).
Um die Brücke von der Aufforderung zum Handeln zu schlagen, wird gewöhnlich die Autorität Jesu angeführt, dessen Verheißungen nicht trügen. Doch damit haben heute so viele Menschen ihre Schwierigkeiten, gerade jene auf der Suche nach einer tragfähigen Wahrheit. Worte, nur durch äußere Autorität begründet, lösen nicht den zündenden Funken aus. Sie müssen existenziell nachvollzogen werden, dann erst werden sie zum Eigentum des Hörers.
Der Aufruf Jesu zum Staunen und sein Jubelruf lassen weniger an einen mit äußerer Bevollmächtigung Ausgestatteten denken, dem man blind zu folgen habe. Vielmehr ist „die Vollmacht", mit der er lehrte (Mt 7,28), als Kraft der Überzeu-

gung zu verstehen. Das Ergriffensein überträgt sich „von selbst“. Dieses „von selbst“ wird von Jesus als das Wirken des Vaters bezeichnet. „Daß du dieses den Weisen und Klugen verborgen, den Unmündigen aber geoffenbart hast“ (Mt 11,25). Konkret heißt das für uns: Das Annehmen der Worte Jesu geschieht nicht über einen weiter nicht verstehbaren Autoritätsglauben, sondern über ein Erschließen und Erwachen, indem es uns „der Vater offenbart“. Auf dem Hintergrund dieser Überlegung ist der Zusammenhang von Glück und Armut mehr als von außen zugesprochen, daß Gott für die Armen und Unterdrückten Partei nimmt.[6] Jesus deckt eine innerlich notwendige Nähe vom Reich Gottes und dem Armsein auf.

Für einen in den Kategorien des Wohlstandes Denkenden erheben sich da fast unüberwindliche Barrieren. Wie läßt sich eine Verbindung von „arm“ und „selig“ finden, wo doch menschliches Glück eher in einem gesunden Wohlstand, in beruflichem Erfolg, in einer Position in der Öffentlichkeit und sicher auch in gelungenen Beziehungen angestrebt wird?

Die Grenzen solcher Glücksvorstellungen werden dem einen früher, dem andern später bewußt. Über kurz oder lang muß jeder einsehen, daß menschliches Glück in seinem letzten Grund von den Fragen abhängt: Wer bin ich? Woraus lebe ich?

Solange ich den Gegebenheiten außerhalb meiner selbst – wie Besitz, Erfolg und Ansehen – mein Selbstwertgefühl beziehe, mich damit identifiziere, bleibt mir mein eigenes Wesen, aus dem ich leben könnte, unbekannt. Die Frage, wer ich in Wirklichkeit bin, wird nicht beantwortet, und ich gehe damit an meinem Glück vorbei. Arm sein im Sinne Jesu heißt damit, daß es keine Identifizierungen mit dem Äußeren gibt, weder Reichtum, noch die Spitze einer Rangstufe, noch eine angesehene Familie. Sich auf den Weg machen, den Jesus will, meint dann, sich von außen zurücknehmen, bestehende Identifizierungen auflösen, dem Ureigensten in einem selbst die Chance des Erwachens geben.

Dieses Ureigenste ist radikal – von der Wurzel her – verschieden von dem, was das kleine, durch die Lebensgeschichte geprägte und geschädigte Ich ausmacht. Es ist das große Wesens-Ich, welches aus dem Anschluß an den Urgrund Gottes wächst.

Dahinter verbirgt sich die Wahrheit, daß Gott uns näher ist als wir uns selbst. Wer in diesen Erfahrungsbereich eingetaucht ist, wird von der Urgüte getragen, vom Wesen Gottes, das sich selbst erzeugt und sich als die Freude am Guten zeigt. Der so beseelte Mensch wird damit befähigt, aus Freude zu handeln.

Dem Handeln aus Freude steht Handeln aus Pflicht oder bloßem Zwang gegenüber. Es ist leicht einzusehen, daß Handeln aus Zwang menschliche Beziehungen erstickt. Wo die Freude geschwunden ist, und Menschen nur noch nach festgelegten Mustern reagieren, ist das seelische Leben gewichen, selbst wenn es unter religiösen Vorzeichen steht. Die Arbeit wird umso drückender, je weniger eigenes Interesse, eigene schöpferische Ideen, eigenes Beteiligtsein miteinfließen. Der schier zwanghafte Ablauf, der nur Wille und Intellekt erfordert, tötet die Seele und verlangt für die entstandene Leere den Ausgleich des mach- und kaufbaren Vergnügens. Weil eigene Lebenserfahrung so wenig an Erfüllung einbringt, muß man sich den Erfahrungen und Fantasien Fremder aussetzen, z.B. im abendlichen Fernsehen.

Diesen Verlust an menschlichen Werten mahnt Erich Fromm in seiner Kritik am Menschen der Industriekultur an. Er verleiht dem Zusammenhang von Lebenserfüllung und Armsein eine ungeahnte Aktualität. In seinem Werk „Haben oder Sein“[7] weist er nach, daß das Habenwollen in seinen verschiedensten Nuancen den Menschen sich selbst entfremdet und ihn seiner eigensten Bestimmung, des wahren Seins, beraubt.
Sein Aufruf, vom Modus (Zustand) des Habens in den Modus des „Seins“ überzutreten, trifft sicher sehr viel vom „Armsein im Geist“ im Sinne der Bergpredigt.
Der Unterschied von „Haben“ und „Sein“ läßt sich in dem Satz veranschaulichen: Ich will nicht recht haben, ich will recht sein! Das Recht-Haben trennt, ist egoistisch; das Recht-Sein verbindet und stellt die Wahrheit, um die es geht, unmittelbar dar. Wahrheit als wirksamer Faktor gleichbedeutend mit dem Sein ist die Grundbedingung für schöpferisches und produktives Tätigsein, in dem die echte Freude liegt. Wer den Anschluß an das Sein nicht gefunden hat, in dem die Wahrheit als eigentätige Kraft nicht erwacht ist, braucht als Ersatzfreude das Vergnügen. So sieht es Erich Fromm und mit ihm Meister Eckehard, auf den er sich beruft.
Der Mensch kommt an das Sein, seine eigene Wahrheit, sein Ureigenstes, nicht heran, wenn er sich nicht löst von dem, was er hat. Inhalte des Habens können äußerer Besitz sein, aber auch Ideen, feste Vorstellungen, wie die Welt auszusehen und wie Gott zu sein hat. So können Glaubenssätze zum toten Besitz werden, den man stolz vorweist, den man verteidigt, der aber keine erlösende Kraft hat. Nicht religiöse Gleichgültigkeit ist hier gemeint, sondern jener blinde Eifer, der christlichen Glauben nur als Summe von Ver-

pflichtungen sieht. Deshalb muß nach Meister Eckehard ein Mensch selbst seinen „Gott fahren“ lassen, das heißt jene nicht reflektierten Meinungen von ihm, die ein Lebendigwerden an Gott verhindern. Nur der ist wirklich „arm im Geist“, der nichts will, der nichts weiß und der nichts hat. Nichts wollen heißt, sich nicht vom vordergründigen Ich und seinem Begehren beherrschen lassen. Nichts wissen bedeutet, den Akzent auf das Erkennen setzen, sich anregen lassen, das Suchen der Wahrheit. Wer dagegen „Wissen“ – auch Glaubenswissen – „hat“, klammert sich wie an einen Besitz daran, weil er davon Sicherheit erhofft.
In allen Äußerungen des religiösen Lebens besteht die Gefahr, in die Seinsweise des Habens abzugleiten. Zustimmung und Anerkennung der Umgebung können so zu einem erstrebenswerten Besitz werden, der religiöses Tun wie Fasten, Beten und Almosengeben im Kern verdirbt. Dasselbe gilt vom Aufzählen der guten Taten (vgl. Lk 18,12). Davor warnt Jesus mit der Aufforderung, die Gerechtigkeit vor den Menschen nicht zur Schau zu stellen (Mt 6,1f). Wer Jesus ernst nehmen will, darf der Frage nicht ausweichen: Kommt das Motiv meines Handelns aus einer transzendenten Quelle oder aus dem Wunsch, Anerkennung bei Menschen zu finden?
Tue ich etwas aus Treue zu meinem wahren Selbst – Jesus spricht vom Willen des Vaters –, dann handle ich aus einem Beweggrund, der den innerweltlichen Motiven der Aktion und Reaktion entzogen ist. Damit ist gemeint, daß ich nicht mehr gezwungen bin, auf das Tun anderer mit Angst, Abwehr und Aggression zu reagieren; denn selbst der berechtigte Zorn auf offenes Unrecht steht noch unter dessen Zwang. Erst wenn mein Tun ein freier Entwurf des Seelengrundes

ist, unabhängig von dem, was Menschen mir oder anderen angetan haben, bin ich von der „Herrschaft der Sünde befreit“ (vgl. Röm 6 u. 7). Dann handle ich einfach aus Freude; was ich tue, ist gegen niemand gerichtet, und ich brauche nicht die Gunst von Menschen zu suchen, noch deren Ablehnung zu scheuen. Der heilige Franziskus entschied sich für die vollkommene Armut nicht aus moralischer Entrüstung über die sozialen Zustände, sondern einfach aus der Freude, Gott zum Vater zu haben. Er tat es aus innerer Stimmigkeit, aus Treue zu der gehörten Stimme und zu sich selbst. Er konnte nicht mehr anders, wenn er nicht seinen Frieden verlieren wollte. In der Freude zu bleiben war ihm das Wichtigste, und dazu ermahnte er immer wieder seine Brüder. Franziskus lebte das, was Marcel Légaut Religion des Anrufs nennt.[8] Nicht eine von außen auferlegte Forderung kann so Schönes hervorbringen, sondern das Erwachen des Göttlichen im Menschen als sein Ureigenstes.

Wenn die Glaubenslehre, daß Getaufte Söhne Gottes sind, in einem Menschen lebendig wird, dann geschieht solches wie beim heiligen Franziskus. Er liefert den Beweis dafür, daß Gott den Menschen nicht überfordert und entfremdet, sondern ihn zu seiner wahren Identität führt.

Dafür steht jenes Ereignis, als der Heilige Geld und Kleider zurückgibt und mit dem Gewand sein Sohn-Sein aufkündigt. „Bisher habe ich Vater Pietro Bernardone gesagt, jetzt sage ich nur noch: Vater im Himmel!“[9] Als Sohn aus gutem Haus galt er etwas in der Stadt. Er lebte aus dem Vorschuß, den Tüchtigkeit und Ansehen des Vaters erbrachten, im Grunde eine fremde Identität. Als er diese Verbindung durchschnitt, war er in den Augen der Leute ein Niemand und zugleich ganz er selbst, Franziskus! Er war in diesem Moment von der Mittelmäßigkeit und Banalität der bürgerlichen Welt, wo das Außerordentliche nach unten und nach oben verpönt ist, befreit. Er brauchte nicht mehr Rücksicht zu nehmen auf den „guten Ruf“ seiner Familie. Diesen Sprung ins Nichts konnte er, ohne Schaden zu nehmen, nur riskieren, weil der öffentlichen Szene eine innere Entwicklung vorausgegangen war. Als der Einbruch Gottes in sein Leben immer schärfere Konturen annahm, wurde ihm von Tag zu Tag klarer, daß sein Ureigenstes, und damit sein Glück, mit dem Willen Gottes zusammenfällt. Er verstand immer mehr von der inneren Logik, die das Heil, von dem Jesus in den Seligpreisungen spricht, und das Arm-Sein verbindet. Man kann es noch einmal so sagen: Indem einer arm ist, erfährt er das Schöne und Wunderbare der Nähe Gottes und indem einer Gott begegnet und sich in seiner umfassenden Güte geborgen weiß, kann er jetzt arm, sanftmütig, barmherzig und friedfertig sein, die Trauer zulassen, hungert und dürstet er weiter nach Gott und wird schließlich wegen seines Andersseins verfolgt. Die von Jesus gepriesenen Einstellungen sind einerseits Folgen dessen, daß einer von Gott berührt wurde, andererseits sind sie Tore zum Eintritt in das Reich Jesu.

Die Armut als Tugend, die gerechte Verteilung der Güter und die Solidarität mit den Armen ist ein Thema, das innerhalb und außerhalb des christlichen Raumes unaufhörlich angemahnt, beschworen und beklagt, aber nicht gelöst wird. Vieles von dem, was da gesprochen und geschrieben wird, hat einen verbissenen und verletzenden Unterton.

Man sollte nicht vergessen, daß Besitz und Macht die Identität des einzelnen berühren und jeder Angriff von außen deshalb auf Widerstand stößt.

Die Auflösung einer verfremdeten Identität kann nur von innen erfolgen; sie geschieht dann, wenn eine Überzeugung Oberhand gewinnt, die stärker und bereichernder ist als das, wofür einer bisher gelebt hat. Dies kann keiner vermitteln, der nicht ganz in der Wahrheit und in sich selbst gründet. Wer aber außerhalb seiner selbst steht und die Dinge nur von dort aus sieht, wird die Lasten, die auf den Menschen liegen, nicht verringern. An der Stelle der alten, wachsen neue nach. Jedoch der Weg der Seligpreisungen befreit nach und nach von jedem Druck, sogar von dem des Erfolges und Dankes. Nur der so Entlastete wird den Kreislauf von Druck und Gegendruck im menschlichen Miteinander durchbrechen. Handeln aus Freude kommt aus dem Grunde des Herzens, das alle Wesen liebt. Es ist das Ergebnis einer leid- und mühevollen Auseinandersetzung mit dem eigenen Innern aus der Erkenntnis heraus, daß das Böse und Gute in der Welt auch in uns selbst sind. Wer auf der ehrlichen Suche nach der Wahrheit etwas Licht in seinen Schatten gebracht und den Ursprung der Güte und Kraft in der Tiefe seiner Seele gefunden hat, kann ein Leben in Freiheit wagen. Er wird zu Wohlwollen gegenüber allen befähigt. Statt Schuldige zu suchen, sieht er Zusammenhänge und weist Auswege auf. Sein Handeln ist nicht verzweckt und vom bloßen Erfolg bestimmt. Ohne daß er es beabsichtigt, entstehen aus der Situation außerordentliche Dinge; solche, von denen das Evangelium spricht. Wer aus Freude handelt, gleicht in seinem Tun dem Sämann, der auf das Wachstum vertraut (Mk 4,26–29).

„Selig die Trauernden, denn sie werden getröstet werden" (Mt 5,4).

Worte wie diese sind sehr bedeutsam zu gebrauchen. Wer mit einer von Gott zugesprochenen, zukünftigen Belohnung vorschnell zu trösten versucht, übergeht die Wirklichkeit des Schmerzes im Hier und Jetzt und nimmt den Leidenden nicht ernst.
Die bloße Berufung auf Gott und seine Verheißung übersieht, daß vielen dieser Gott als äußere, nur fordernde Autoritätsfigur gegenübersteht, die keinen bergenden Glauben freisetzt.
Soll das Wort Jesu Halt in schlimmsten Dunkelheiten sein, ist mehr auf den seelischen Vorgang zu achten, in dem ein Mensch zu einem vertieften Glauben kommt. Und dazu gehört der Prozeß des Trauerns. Gewöhnlich spricht man von Trauern beim Tod eines geliebten Menschen. Der unwiderbringliche Verlust verlangt eine völlige Umstellung der seelischen Ausrichtung der Hinterbliebenen. War der Verstorbene Grund eigener Sicherheit und Geborgenheit wie der Gatte, oder Träger der Lebenshoffnung wie das Kind, so fällt plötzlich dieser Bereich der Persönlichkeit aus. Die Erfahrung mit Trauernden lehrt, daß Bibelworte, wie das angeführte, die Situationen des akuten Schmerzes nicht greifen, wohl aber ist es hilfreich, wenn Angehörige und Freunde an der Trauer beteiligt sind und mitleiden. Einfühlen und Verstehen sind Bedingungen für ein „tröstendes" Trauergespräch. Die emotionale Nähe löst im Trauernden einen Prozeß der Heilung aus. Wenn der Leid-Tragende sich ausspricht, kommt er in Berührung mit seinem Schmerz. Zugleich werden in ihm seelische Schichten aktiviert, die eigentätig zu wirken beginnen. Es ist der Anschluß an die Urbilder mit

ihren ordnenden und sinnstiftenden Kräften. Sie greifen ein und stützen das angeschlagene Ich. Die Gefühle schlagen um und es entsteht ein neuer Horizont des Wahrnehmens und Denkens. Deren Gewichte werden verlagert. Dinge, die bisher hoch bewertet wurden, verlieren an Bedeutung, während andere ins Bewußtsein treten. So erfolgt eine Umkehrung der inneren Rangordnung. Es wachsen Kräfte nach, die bisher nicht gefordert, und Fähigkeiten, die bislang an den anderen delegiert waren, zum Beispiel Selbständigkeit und Sicherheit. Wenn Trauern gelingt, geht daraus eine umfassendere, größere Persönlichkeit mit einer neuen Lebenseinstellung hervor. Das Leid führt in die eigene Mitte und zum Grunde des Seins. Menschen mit verarbeitetem Leid sind gelassener und echter. Die Lebensfreude kehrt wieder, jedoch in anderer Form. Manchmal erscheint es fast wie ein Wunder, wenn man am Anfang eines seelsorglichen Gesprächs ein leiderfülltes, weinendes Gesicht vor sich sieht, und dann ein gelöster, zwar ernster, aber gefestigter und beruhigter Mensch das Zimmer verläßt.

Nicht nur der Tod fordert Trauern, ebenso das Zerbrechen einer Freundschaft und Ehe, das Entlassen eines erwachsenen Kindes in die Freiheit und jedes Weggehen eines geliebten Menschen.

Wenn Jesus Trauernde selig preist, übersieht er nicht die Tragödien des menschlichen Lebens, wohl aber hat er eine Trauer im Auge, die weniger von Schicksalsschlägen geprägt ist als vom Einbruch des Reiches Gottes. Sobald in einem Menschen der göttliche Funke gezündet hat, steht eine Änderung und Umorientierung der Welt der Werte an, aller gefühlsgeladenen Vorstellungen von dem, wer ich bin, woraus ich lebe

und was mich glücklich macht. Der Zusammenbruch des bisherigen Sinngefühls durch eine religiöse Erfahrung kann genauso schmerzlich sein wie der Verlust eines geliebten Menschen. Augustinus berichtet in seinen „Bekenntnissen“ von der Erschütterung bis in die innersten Fasern seines Herzens in der Stunde seiner Bekehrung. Er war so aufgewühlt, daß ihn immer wieder das Weinen packte und er kein Wort mehr hervorbrachte. „Ein gewaltiger Gewittersturm brach los, und Ströme von Tränen begleiteten ihn. „Das Weinen im Augenblick des Umbruchs löst jahrelang festgehaltene Spannungen und angestaute Energie. Es ist ein Vorgang ganz in der Tiefe der Seele, der einen Ausgleich der Kräfte schafft. Die andere, bisher nicht zugelassene Seite bricht durch. Das Wort Gottes kann in diesem Augenblick so tief hineinfallen, daß es die ganze Existenz erhellt: „Am Ende dieser Worte kam das Licht des Friedens über mein Herz“, gesteht Augustinus, nachdem er der Aufforderung, die Hl. Schrift zu lesen, nachgekommen war.[10]
Ähnliches erlebte ein Mann, der während einer schweren Lebenskrise an einem Selbsterfahrungskurs teilnahm. Als er in dieser Zeit einmal unter die Dusche trat, nahm er zum ersten Mal nach langer Zeit wahr, wie wohltuend das Wasser auf ihn herabströmte. Er hat dies eine halbe Stunde lang genossen. Dann legte er sich aufs Sofa und überließ sich einem befreienden Weinen. Der verkrampfte Körper begann spürbar zu leben. Das Fließen der Tränen brachte die Gefühle in Fluß.
Bei solchen Vorgängen wird längst vergangenes Leid erinnert und noch einmal durchlebt, Prägungen der Kindheit und ihre Verhaltensmuster verlieren an Einfluß, und die bisher ungelebten Anteile der Persönlichkeit drängen nach außen.

Es ist die Umkehr, die man nicht macht, sondern die einem widerfährt. Augustinus bezeichnet sie als das Werk Gottes. „Du hast mich zu dir bekehrt", bekennt er in Dankbarkeit.
Die Trauer schafft den Kontakt zur Wirklichkeit, zunächst zu der in einem selbst. Weil Verletzungen geheilt werden, wird das Leid tatsächlich überwunden und damit auch das Böse verhindert, das unverarbeitetes Leid verursacht. Der Vorwurf der „Vertröstung" als eines nur eingeredeten Trostes trifft nicht zu. Durchgestandenes Leid wird zur Quelle der Kraft und zur Dichte des Lebens. Einer Leiterin von meditativen Tanzgruppen fiel auf, daß die Atmosphäre bei alleinerziehenden Müttern, also bei Menschen mit schwerem Schicksal, an Intensität und Kraft nicht zu vergleichen war mit der bei gut situierten „normalen" Teilnehmerinnen. Während bei der kirchlich geprägten Veranstaltung eher Langeweile aufkam, wuchsen in der Gruppe der Alleinerziehenden Dynamik, lebendiger Austausch und Ergriffenheit. Wenn „Bergerfahrung" als Voraussetzung zum Verständnis der Bergpredigt bezeichnet wurde, dann muß der Gang in die Tiefe und in den Abgrund der Trauer genauso erwähnt werden. Beide bedingen einander. Erst so wird die Ganzheit eines Menschen. Man kann sogar sagen: Trauerarbeit ist die Wirklichkeitskontrolle jeder religiösen Erfahrung. Ein Gipfelerlebnis kann der Beginn eines Weges sein, der dann jedoch nicht weiter steil nach oben, sondern zunächst nach unten führt. Der nächste Gipfel ist nur über das Tal zu erreichen. Weltanschauliche und religiöse Richtungen, die einen ständig aufsteigenden Weg des Erfolgs und des Glücks versprechen, müssen gefragt werden, inwieweit sie dabei den eigenen Schatten überspringen. Daß er sie eines Tages einholt, daran ist nicht zu zwei-

feln. Viele, die heute die Welt erneuern wollen, haben kein Einsehen für solche Überlegungen. Nach ihrer Meinung wird die aktive Seite des Menschen beeinträchtigt. Tatsächlich ist es so, daß Trauerarbeit Kräfte freisetzt und zwar solche, die nicht mehr vom Schatten geleitet werden. Dazu kommt, daß sich die wenigsten Menschen Trauer und den Weg nach innen ausgesucht haben. Es war das Leid, das sie dazu zwang. Als es nicht mehr weiterging wie bisher, half ihnen das aufrichtige Suchen nach der Wahrheit.

„Selig die Sanftmütigen, denn sie werden das Land besitzen“ (Mt 5,6)

Wie die Seligkeit ist auch die Sanftmut in Verruf geraten. Deshalb hat denn auch die neue Einheitsübersetzung dafür stehen: „Selig, die keine Gewalt anwenden“. Aber was sagt schon Gewaltlosigkeit über die Qualität eines Menschen aus, wo doch in unserer Gesellschaft die Anwendung von Gewalt durch staatliche Gesetze geregelt ist? Der korrekte, gewaltfreie Bürger ist noch nicht von selbst Träger einer großen Verheißung. Nichts führt daran vorbei, sich mit dem mißbräuchlichen Wort „Sanftmut“ auseinanderzusetzen, das seinen ursprünglichen Gehalt verloren hat. An der gepredigten und gelebten Sanftmut der Christen haben sich schon viele gerieben und sie ist immer noch für nicht wenige ein Reizwort. Denn da gibt es auf der einen Seite so viele „Sanftmütige“, die sich gerne und bereitwillig unterordnen und dabei menschlich verkümmern, andererseits ist im Bereich des Christentums so viel an Gewalt geschehen, daß die Bezeichnung „christliches Abendland“ wie ein Hohn klingen muß.

Man würde es sich zu leicht machen, diese Vorwürfe, die heute von breiter Seite erhoben werden, zu übergehen oder das Verhalten der Christen mit der Sündhaftigkeit des Menschen zu entschuldigen. Eher sollte man mit umso größerer Wahrheitsliebe nach den Ursachen sehen, warum diese zentrale Absicht Jesu so wenig verstanden wurde und noch immer so wenig verstanden wird.

Nach dem bereits Gesagten wird ersichtlich, daß die Worte Jesu vom gütigen Umgang miteinander so wie andere zum bloß moralischen Appell verkamen. Der beschworene gute Wille allein ist restlos überfordert, wenn die Voraussetzungen fehlen, unter denen dieses Wort entstanden ist und unter denen es leben kann. Umso mehr gilt es zu fragen: Unter welchen Umständen ist ein Mensch fähig, gütig, selbstlos und sanftmütig zu sein, ohne zu einer Karikatur des ursprünglich Gemeinten zu geraten? Was heute so viele, vor allem Frauen, zum Zorn reizt, ist die Tatsache, daß die naive Befolgung dieses Satzes, verbunden mit anderen Stellen – etwa der des Epheserbriefes: „Seid demütig, friedfertig und geduldig" (Eph 4,2) – Menschen hervorgebracht hat, die unselbständig, abhängig, lebensuntüchtig und depressiv sind. Denn wird diese Forderung bloß dem guten Willen auferlegt, dann heißt das: nachgeben in allem, sich unterordnen um jeden Preis, den eigenen Widerstand aufgeben. Wer Impulse ständig unterdrückt, verneint immer mehr von seinem Leben und geht daran vorbei. Konflikte, die wahre Elixiere des Lebens sein können, werden vermieden und nicht ausgetragen. Was aber unterschwellig vorhanden ist, wirkt weiter. Verdrängte Antriebe und Wünsche haben wie unterirdische Wasseradern ihr nicht überschaubares Eigenleben und bestimmen nachhaltig das Geschehen an der Oberfläche. Wenn der offene Austausch von Meinungen und Gefühlen nicht möglich ist, werden Spontaneität und Freude am Tun gelähmt. So führt die Konfliktvermeidung zu jener Müdigkeit und Antriebslosigkeit, die unter Christen beklagt wird. Weil ja die Sanftmut, verstanden als oberflächliche Harmonie, als oberstes Gebot gilt, ist jede Art von offener Kritik von vorneherein ein Verstoß gegen die allgemeingültige Norm. Unterdrückte Konflikte brechen meist zu unrechter Zeit aus. Sie sind dann nicht mehr zu kontrollieren. Der Sanftmütige, der seine aggresiven Impulse nicht angemessen auslebt, ist keineswegs davon frei. Weil er selbst unter Druck steht, setzt er, ohne sich darüber im klaren zu sein, andere unter Druck. Das mag das tagelang zur Schau gestellte böse Gesicht sein oder das Leiden oder sogar Krankwerden um des andern willen. Obwohl es ihm nie in den Sinn kommen würde, selbst Gewalt anzuwenden, ist er doch meistens dafür, daß in Kirche und Staat streng gegen Andersdenkende vorgegangen wird. Im Grunde ist es die Angst, die eine starke Institution fordert, um das bedrohte Individuum zu schützen. Es ist der Ruf nach dem großen Vater, der sagt, was recht ist, und die Ordnung garantiert. Menschen, die so reagieren, sind in ihrer seelischen Entwicklung noch nicht aus der symbiotischen Einheit, in der Kinder mit ihren Eltern leben, herausgekommen. Offen ausgesprochen heißt der Vorwurf: Eine Sanftmut, wie sie häufig in der Kirche praktiziert wird, bedeutet, nicht erwachsen werden und Kind bleiben. Um die unverfälschte Absicht Jesu zu erkennen, ist es hilfreich, seine Entwicklung anzuschauen. Jesus, der sich selbst als sanftmütig und demütig bezeichnet (Mt 11,29), hatte harte und schroffe Worte für seine Verwandten (vgl. Mt 12,46–50). Er hatte sich aus dem Bereich seiner Familie, seines Dorfes und des herkömmlichen religiösen Denkens gelöst.

Er hatte die symbiotische Einheit durchbrochen, jenen Rahmen, der von außen vorgibt, was zu tun ist. Mit Recht darf Jesus als autonome Persönlichkeit bezeichnet werden, die Sicherheit und Kraft ausstrahlte. Er stand über den gängigen Auslegungen des Gesetzes. Verständlich ist, daß er von den eigenen Verwandten nicht mehr verstanden und von den strengen Gesetzesauslegern angefeindet wurde. Die Autonomie Jesu

war jedoch rückgebunden und getragen vom Grund allen Seins, vom „Willen des Vaters", und damit war er allen Menschen nahe.
Jesus kann nicht als Zeuge dafür angeführt werden, daß man in der Welt der Kindheit zu verharren habe. Vielmehr ruft er alle, die zu ihm kommen wollen, auf, den engen Rahmen der kindlichen Bindungen an Eltern und Verwandte zu verlassen. „Wer Vater oder Mutter mehr liebt als mich, ist meiner nicht wert" (Mt 10,37). Bei Lukas steht sogar das Wort „hassen" (Lk 14,26), um die Trennung noch schärfer herauszustellen. Der Forderung Jesu kommt die tiefenpsychologische Erkenntnis zu Hilfe, daß die Erfahrungen mit den Eltern zeitlebens auf ähnliche Situationen übertragen werden. Nur wem es im Laufe eines mühsamen Prozesses gelingt, die Prägungen der Kindheit abzustreifen, steht nicht mehr unter den vorgegebenen Zwängen. Jesus selbst ist über solche Vorgegebenheiten hinausgewachsen, als er gegen die Erwartung seiner Umgebung den aus seinem Innern aufsteigenden Impulsen, „dem Willen des Vaters", folgte. Nachdem sich der „Himmel geöffnet hatte" (Mk 1,10), mußte die Abgrenzung zum Bisherigen voll und ganz vollzogen werden. Aus dieser Eigenständigkeit erst wird die Sanftmut Jesu möglich. Er hat es nicht nötig, zum Aufbau der eigenen Identität die Anerkennung der Vor-Gesetzten und die Gunst des Volkes zu suchen und dadurch in einen Wettlauf mit anderen um Macht und Einfluß zu geraten. Jesus weist damit einen Weg, wie Konflikte, entstanden aus Angst vor Ablehnung, überwunden werden. Der Prophet aus Nazareth hat nicht andere mit seinen Ängsten überzogen und ihnen Fremdes übergestülpt. Das Besondere an seiner Verkündigung war, daß er zum eigenen Sehen und Hören aufrief (Mk 8,18; Mk 4,24). In den

Hörern erwachte etwas, was den bisherigen Erfahrungsrahmen sprengte. Und das hatte mit Freiheit und Weite im umfassendsten Sinn zu tun. Wer sich in die Nähe Jesu begab, kam los von Lasten (Mt 11,28) und brauchte seinen Druck nicht mehr an andere weiterzugeben. Jesus als der Sanftmütige ist der, der nicht bestimmte Ideen gegen andere durchsetzen will und sich dafür eine Macht aufbaut, sondern der jeden zu der in ihm angelegten Freiheit und Möglichkeit in der Nähe Gottes herausrufen will. Als Erwachen des Menschen wurde in der frühen Christenheit die Begegnung mit Christus gesehen. Im Epheserbrief ist folgender Spruch zitiert: „Darum heißt es, der du schläfst, steh auf von den Toten, und als Licht wird dir erstrahlen Christus" (Eph 5,14).

Erst diese Gewißheit, ich selbst sein zu dürfen, entlastet von der Angst, überfremdet zu werden, löst Verkrampfungen und hebt Barrieren voreinander auf. Wenn es etwas von der Sanftmut Jesu zu lernen gibt (Mt 11,29), dann dies: Dem Wahren und Echten, das aus der Tiefe des Herzens aufsteigen will, nachspüren und seiner Anziehung Folge leisten; eine Entwicklung zulassen, die Abgrenzungen miteinschließt und den Raum öffnet, wo ich in Freiheit leben kann; denn wo die Grenzen zwischen den Menschen nicht klar sind, da kommen Unsicherheiten, Mißverständnisse und Ängste auf. Sanftmut als bloßes Nachgeben ist symbiotische Verschmelzung mit allen beschriebenen Folgen. Nachfolge Jesu ist nicht ein Akt, der zu allererst meinen eigenen Willen einem Fremden unterwirft, sondern ereignet sich auf der Suche nach der Wahrheit als der vom Grund der Seele – theologisch gesprochen von der Gnade – angestoßene und vorangetriebene Prozeß der Wandlung. Durch ihn komme ich auf meine Weise dahin, wo Jesus und die Heiligen sind. Der Egoismus, die Haltung des Habenwollens, wird durch Wachstumskräfte nach und nach überwunden, indem das kleine vordergründige Ich dem großen umfassenden, tragenden Selbst angeglichen wird. Die schädlichen Impulse werden nicht einfach zurückgewiesen und unterdrückt, sondern aufgelöst und ihre Kraft einer höheren Einheit der Persönlichkeit zugeführt. Der lebendige Kontakt mit dem Seelengrund verbindet sich mit meiner engeren Nähe zu Jesus und einem tieferen Verstehen seiner Person und Sendung. Es kommt „von selbst" dahin, daß das Leben heller wird. Damit geht eine volle Bejahung des eigenen Lebens und das anderer miteinher. Menschen, die in solchem Maß an der Sanftmut Jesu teilhaben, verbreiten eine Atmosphäre der Güte und des Vertrauens. Sie geben zu erkennen, daß man sich vor ihnen nicht verteidigen muß; daß sie vielmehr fähig sind, jeden, der sich ihnen öffnet, ohne Bedingungen anzunehmen. Weil sie ihre festen Grenzen haben, wo sie selbst ohne Angst leben, überschreiten sie nicht die Grenzen anderer. Sie können Abgrenzungen anderer und deren je eigene Entwicklung respektieren, sogar fördern. Die eigene Freiheit läßt auch die der andern zu.

Wie Sanftmut konkret wird, wo sie fehlt und wo sie da ist, läßt sich am besten daran ablesen, wie Menschen miteinander reden, ob laut und gereizt, oder ruhig und im gemäßigten Ton. Nicht zuletzt hängt alle Sanftmut am verständnisvollen Hören, zu dem Jesus aufgerufen hat (vgl. Mt 13, 13,16f,19; Mk 4,24; 8,18).

Selbst in kirchlichen Gesprächskreisen kann man erleben, wie sich die Beiträge jagen; wie sofort erwidert wird, ohne den andern noch ganz ausreden zu lassen; wie ein Klima herrscht (im wörtlichen Sinn), wo jeder Mühe hat sich zu behaupten. In solchen Runden, wo es laut und unruhig zugeht, öffnen sich Menschen nicht und kommen sich nicht nahe.

Eindrucksvoll ist es, die Entwicklung tiefenpsychologisch und religiös orientierter Selbsterfahrungsgruppen unter dem Aspekt der Sanftmut zu beobachten. Sobald die Teilnehmer auf Grund ihrer Träume und gemalten Bilder mit ihrer seelischen Tiefe in Berührung kommen, sind sie behutsamer im Reden miteinander. Es entstehen wohltuende Pausen, kaum das Gesagte zu verarbeiten, den eigenen Einfällen zu lauschen und nicht, um Argumente dagegen zu sammeln. Dadurch bildet sich ein Klima, wo jeder sicher sein darf, daß er zu Wort kommt, und daß die andern seinen Beitrag erwägen und zu verstehen suchen. Auf diese Weise wird es möglich, daß jeder immer mehr von dem mitteilt, was ihm wichtig ist. Unangenehme und bisher zurückgehaltene Gefühle können zugelassen werden. Aufmerksames Zuhören entlastet den Sprechenden und gibt ihm die Gewißheit, mit dem, wie er ist, in der Gruppe angenommen zu sein. Es ist nicht übertrieben zu sagen, daß eine solche Atmosphäre ein Gefühl des Daheimseins bewirkt. Es ist ein Ankommen am Seelengrund.

Auf solchem Hintergrund verlieren Worte der Heiligen Schrift wie „gefügig" (Eph 5,21), „untertan" (Eph 5,22), „demütig", „friedfertig" und „geduldig" (Eph 4,2) ihren aufreizenden, weil selbstquälerischen Charakter. Jeder darf er selbst sein, ohne andere zu unterdrücken; jeder ordnet sich unter, ohne seine Freiheit zu verlieren.

Es muß aber hinzugefügt werden, daß hier etwas völlig anderes vorliegt als das spontane Stimmungshoch einer Gruppe.

Bis der beschriebene Zustand erreicht ist, muß

ein mühsamer Weg zurückgelegt und harte Arbeit geleistet werden. Diese Art des Umgangs ist nicht Selbsterfahrungsgruppen vorbehalten. Sie ist auch dort anzutreffen, wo Partnerschaft und das Leben mit Kindern gelingt.

Es heißt: Die Sanftmütigen werden das Land besitzen (Mt 5,3). Hier klingt die wiederholte Verheißung Gottes nach, dem Volk Israel das Land Kanaan zu geben. „Ich führe euch in das Land, das ich Abraham, Isaak und Jakob versprochen habe. Ich übergebe es euch als Eigentum. Ich, der Herr" (Ex 6,8). Das Land der Verheißung ist die Heimat der Juden, Ziel der Sehnsucht und zeitlebens Schmerz der Vertriebenen in der babylonischen Gefangenschaft (586–538 v.Chr.). Wenn wir deshalb sagen: Land steht für Heimat und Daheimsein, schließt sich der Kreis zu jenem Erleben, wozu eine Gruppe nach intensiver Arbeit kommen kann. Es bestätigt sich, daß Träger und Inhalt der Seligpreisung in einem psychologischen Zusammenhang stehen. Die Botschaft würde dann lauten: Über die Sanftmut, das heißt, indem ich weich werde, mich öffne, Gefühle zulasse im abgegrenzten Raum, komme ich zu jenem Punkt, wo ich sagen kann: „Jetzt bin ich angekommen, jetzt bin ich am Ziel meiner Sehnsucht."

„Selig, die hungern und dürsten nach der Gerechtigkeit, denn sie werden gesättigt werden“ (Mt 5,6)

Wer heute Gerechtigkeit hört, denkt an gerechte Behandlung vor Gericht, gerechte Verteilung der Einkommen, mehr noch im Vordergrund steht die Gerechtigkeit für die Armen und Hungernden dieser Erde. Grundlage sind die Menschenrechte, die jedem in gleicher Weise zugebilligt werden müßten. Das Empfinden dafür ist heute in der Menschheit geschärft und es ist gewiß denen zu danken, die dafür Zeit, Kraft, sogar ihr Leben einsetzen. Die Versuchung, mutlos und gleichgültig zu werden angesichts aller Ungerechtigkeiten dieser Welt, ist groß, und die bloße Verheißung einer Wende greift nicht. Die Gerechtigkeit, von der in der Seligpreisung gesprochen wird, liegt auf einer tieferen Ebene; sie ist die Grundlage für die äußere und hat den Vorteil, daß es auch dann noch weitergeht, wenn nach außen hin alles aussichtslos erscheint. Nach der Mahnung Jesu an die Jünger, ihre Gerechtigkeit sollte ganz anders sein als die der Schriftgelehrten und Pharisäer (Mt 5,20), ist Gerechtigkeit die Umschreibung dessen, wie ein Mensch im Grunde seines Herzens ist. Im Alten Testament ist der Gerechte der Heilige, Fromme, Redliche, der Treue, der sich an das Gesetz hält.

Paulus denkt an den Zustand vor Gott, der Grundlage des inneren Friedens ist. „Gerechtfertigt also aus Glauben, haben wir Frieden zu Gott hin“ (Röm 5,1). Den Inhalt des Gemeinten kann man so verstehen; es geht um ein Rechtsein, um eine innere Ausrichtung, um Einssein mit sich selbst, um Identität. Bestätigt wird diese Auffassung durch die Tatsache, daß Jesus in der Bergrede die Übereinstimmung von Reden und Verhal-

ten mit dem Fühlen und Denken verlangt (Mt 5, 33–37, 6, 1–18).
Die Zwiespältigkeit des Menschen soll überwunden werden. Der normale Bürger hütet sich, einen Mord zu begehen. Er findet aber nichts dabei, den andern tödlich zu beleidigen, meistens merkt er es gar nicht (Mt 5,23). Und da ist es üblich, die Gottesdienstpflicht treu zu erfüllen, aber die anstehenden Konflikte zu verdrängen (Mt 5,23). Ähnlich verhält es sich mit der Sexualmoral. Die vielen (oder die wenigen), die sich an die Konvention halten, leben beileibe nicht alle in einer glücklichen Ehe. Zwischen vielen Eheleuten ist die Liebe erkaltet. Diese Not wird zum Anlaß, daß Verlangen, Sehnsucht und Fantasie ganz woanders sind als in der eigenen Ehe (vgl. Mt 5,27). Einsicht und Gefühle gehen oft getrennte Wege. Die Norm, der äußere Rahmen sollte jedoch mit dem in Einklang stehen, was im Innersten da ist. Das Ja sollte ein Ja in allen Bereichen des Redens, Erlebens und Verhaltens sein, das Nein ein Nein (Mt 5,37). Die Spaltung des Menschen in Geist und Trieb ist die Ursache allen Leidens aneinander und gewiß nicht mit frommen Bemühen allein zu beheben.
Paulus hat um die Heilung der Zerrissenheit gerungen und er gesteht, daß er sie durch die Begegnung mit Christus gefunden hat. Nicht die eigenen willentlichen Anstrengungen können es schaffen, sondern allein ein Prozeß, den Gott wirkt (vgl. Röm 3,21–28, 6, 24f; Gal 5,25). Der neue Mensch ist nicht Ergebnis guter Vorsätze, sondern der erfahrenen Nähe Gottes.
Aus der Sicht der Tiefenpsychologie sieht das so aus: Das kleine Ich, das der Welt des Unbewußten gegenübersteht, kann die Antriebe zwar unter gewissen Voraussetzungen kontrollieren, aber deren eigenwillige Richtung nicht unmittel-

bar beeinflussen. So steht es fortwährend unter Druck und kann nicht frei atmen. Es kann sich nicht am eigenen Schopf aus dem Sumpf des triebhaften Unbewußten ziehen. Gegenüber dem Chaos der aufgescheuchten Emotionen ist für das Ich ein Punkt außerhalb seiner selbst nötig. Nach dem Modell von C.G. Jung liegt dieser Halt im Selbst, dem zentralen Urbild der Seele, dem Organ der religiösen Erfahrung. Erst wenn sich das Ich mit den tieferen, religiös-geistigen Impulsen der Seele verbündet, gewinnt es die Klarheit und Kräfte, aus den Verstrickungen der psychischen Mechanismen herauszufinden. Die Rettung durch Christus, wie Paulus sie schildert, ist zugleich eine Aktivierung des Selbst und all seiner Kräfte; die vitalen Antriebe werden wie Bilder einer Rosette um einen zentralen Kern geordnet. Das Ich erlebt diesen Vorgang als Entlastung und als bedingungslose Annahme. Es braucht nicht mehr krampfhaft um das Gleichgewicht zwischen den gegensätzlichen Ansprüchen der Triebe und Ideale bemüht zu sein. Der Anschluß an ein Großes Ganzes, an die große Kraft ist geschehen. Ängste, Blockierungen und Hemmungen fallen ab. Eine heitere Freude beseelt einen und macht das Arbeiten und alles andere Tun leicht. Das Leben hat seine Einheit und seinen Sinn gefunden. Man darf sagen, daß die drei Grundnöte des modernen Menschen überwunden werden, seine Angst, seine Einsamkeit und seine Überforderung. Der Schlüssel liegt in der religiösen Urerfahrung und in der unmittelbaren Berührung mit dem Raum des Heiligen. Der unverfügbare Bereich, der durch den Glauben an Christus sich öffnet, gestaltet den Menschen von innen her um. Die Neubekehrten der frühen Christenheit nannten die Wandlung ihres Wesens eine zweite Geburt.

Beim „Hungern“ und „Dürsten“ erinnere man sich an das israelitische Volk in der Wüste. Nachdem es aus einem versorgten, satten Dasein in Ägypten aufgebrochen war, befand es sich im Niemandsland. Die grundlegendsten Bedürfnisse des Leibes, Essen und Trinken, waren nicht mehr gesichert. Die Situation steigerte sich soweit ins Ausweglose, daß nur noch der Himmel Brot und der Fels Wasser geben konnte (vgl. Ex 16,4f, 17,7f, Num 20,7). Hungern und Dürsten in diesem Zusammenhang bezeichnet demnach mehr als ein gutes Gefühl vor einer Mahlzeit. Es meint den Schrecken kurz vor dem Verhungern und Verdursten, das Brüllen der Tiere und das Schreien eines ganzen Volkes nach Nahrung und Wasser, die Ungewißheit, ob und wie es weitergeht.

In der Wüste leben heute ungezählte Menschen, denen mit dem Glauben an Gott auch der Glaube an die Größe und Schönheit ihres Lebens verlorenging, beziehungsweise solche, die dazu nie einen Zugang gefunden haben. Das Sinngefüge der Tradition ist vielen zu eng geworden: Selbst wenn sie wollten, könnten sie nicht mehr dorthin zurückkehren. Das alte Haus der Kirche vermag, so wie es sich ihnen darstellt, ihren ungebändigten Drang nach Wahrheit und Dichte des Lebens nicht zu fassen. So bleibt ihnen nur die Wanderung und die Suche nach Wasserstellen. Man mag entrüstet sein über die Verirrungen unserer Zeit, über Sekten und pseudo-religiöse und abergläubische Bewegungen. Aber sind sie nicht eher Ver-Suche, mit eigenen Schaufeln nach Wasser zu graben, wenn ihnen schon aus den Leitungen der Institutionen keines mehr fließt? Der gütige Papst Johannes XXIII. hat einst das Heilmittel der Barmherzigkeit empfohlen und das bedeutet nichts anderes als die ungeheure Not sehen, die hinter allen verwirrenden Zeiterscheinungen steckt. Es gilt, so gut hören zu lernen, daß man die Schreie des Volkes in der Wüste vernimmt. Man sollte zur Kenntnis nehmen, daß in den Therapieräumen der Beratungsstellen nicht als erstes die verborgenen Wünsche geoffenbart werden – wie manche vermuten –, sondern ein fast nicht ausschöpfbares Meer an Leid und Tränen. Der Leidensdruck ist es, der alle Gedanken und Fantasien auf sich zieht. Wem es gelingt, ihn ein wenig zu erleichtern, wird an der weiteren emotionalen und geistigen Entwicklung eines Menschen mitbeteiligt sein.

Viele hungern und dürsten buchstäblich nach Aufmerksamkeit und Zuwendung und nach einem guten Wort.

Es ist beeindruckend, wie Menschen aufatmen, wenn ihnen jemand zum ersten Mal in ihrem Leben allen Ernstes zuhört. Man kann erleben, wie neue Werte durch Wertschätzung entstehen und wie im Raum des Vertrauens verschüttete Quellen des Religiösen aufbrechen. Für Menschen, die sich in der Wüste ihrer Ängste, Einsamkeit, Verletzungen und Ausweglosigkeit aufhalten, wiederholt sich das Wunder, daß der Himmel sich öffnet und der Fels sich spaltet. Oft geschieht Ähnliches wie beim israelitischen Volk, das nur für einen Tag das Brot sammelte und Gott für den nächsten Morgen sorgen ließ (Ex 16,19f).

Ob ein Mensch neu wird und inwieweit heilende Kräfte wach werden, hängt wesentlich davon ab, wie vorbehaltlos er den Hunger und Durst nach dem neuen Leben zuläßt und das Wagnis und die Entbehrungen der Wüste aushält und austrägt.

Es ist auffallend, daß bei Meditationskursen mit höchstem körperlichen und geistigen Einsatz Menschen anzutreffen sind, die eher der Kirche

über die herkömmliche Grenze des Gutseins – nämlich zu den eigenen Verwandten, Freunden und Gesinnungsgenossen – hinausgehen.
Das bekannteste Beispiel geübter Barmherzigkeit ist die Erzählung vom barmherzigen Samariter (Lk 10, 25–36). Seine Tat, die so anschaulich geschildert wird, hat buchstäblich Geschichte gemacht. Sie wurde zu Tausenden im guten Sinn nachgeahmt und hat das Bild des Christentums wesentlich geprägt. So sehr man aber das gute Werk des Samariters mit seinen Folgen loben muß, darf man nicht vergessen, daß im allgemeinen Verständnis dieser Geschichte eine wichtige Aussage, sogar die eigentliche Pointe, übersehen wurde. Das Gleichnis will die Antwort sein auf die Frage: „Wer ist mein Nächster“ (Lk 10,29)? Nach der breiten Schilderung des Überfalls und der Hilfeleistung ist es selbstverständlich der Ausgeplünderte. Mit der Fürsorge des Samariters für den Verletzten in Lk 10,35 könnte also die Geschichte zu Ende sein. Die Frage, die noch anschließt, lautet aber wörtlich übersetzt: „Wer von den dreien (Priester, Levit, Samariter), meinst du, ist dem zum Nächsten geworden, der unter die Räuber gefallen war?“ (pläsion gegonenai, Lk 10,36).
Die Herausforderung: „Wer ist mein Nächster?“ wird jetzt so beantwortet: ein wildfremder Mensch, aus einem verhaßten Volk sogar, kann mir seine Güte zeigen und dadurch nahe (pläsion) kommen. Die zweite Aussage der Parabel will den Wert eines dem eigenen Volk und Glauben fernen Menschen herausstellen; er kann mir zum gleichberechtigten Mitmenschen werden; er verdient meine Achtung. Für diese Auffassung spricht, daß Jesus bewußt einen Samariter als Vollbringer der edlen Tat auswählt. Man kann sogar sagen, die Hauptzielrichtung der Erzäh-

lung geht dahin, bei der Frage nach dem Nächsten die Zäune um das eigene Volk niederzureißen und den Menschen jenseits einer guten Tat für fähig zu halten. Der Nächste ist also nicht nur der Leidende, sondern noch mehr der, der nicht zu meiner Gruppe gehört – ob dies nun Volk, Glaubensgemeinschaft, politische oder weltanschauliche oder soziale Gruppierung ist. Die samaritische Tat ist mehr als Hilfeleistung am Unfallort, sie ist das Zuschütten der Gräben zwischen den Parteien, das Nahekommen von Menschen aus entgegengesetzten Richtungen. Im Vordergrund steht das spontane, mildtätige Handeln, die Nächstenliebe des Samariters. Genau gesehen wird aber die Nächstenliebe des Überfallenen (und der Zuhörer und Leser) zum Samariter herausgefordert und ermöglicht. Es fällt leicht, auf der Seite dieses sympathischen Mannes zu sein. Für die damalige Zeit wurde gewiß ein Vorurteil gegenüber den abgelehnten und verachteten Halbjuden abgebaut; für unsere Zeit gilt, den edlen Samariter auf der anderen Seite der jeweiligen politischen, religiösen, weltanschaulichen und kirchlichen Richtung zu entdecken. Denn wenn wir nur die lieben, die uns lieben, was tun wir da Besonderes? (vgl. Mt 5,46f).

Inhalt der Barmherzigkeit ist also, Brücken zu schlagen zu denen, die nicht von unserer Art sind. Und weiter: sie als Gleichberechtigte, als Eigenständige, als Mitmenschen anzunehmen aus der Überzeugung, daß Gott in ihnen genauso Gutes wirken kann. Die Feindseligkeit unter den Parteien ist ein Zeichen dafür, daß man den andern nichts Gutes zutraut, damit aber auch Gott nicht, daß er durch sie Gutes vorhat. Die Solidarität der eigenen Gruppe gegenüber ist zwar gut für den Zusammenhalt, macht aber blind für Fehler, gerade für solche, die beim Üben von

Barmherzigkeit begangen werden. Denn die aufopfernde Tätigkeit in der Sorge um Kranke und Arme hat einen Schatten. Sie setzt eine Über- und Unterordnung in der Beziehung voraus. Da ist auf der einen Seite der Hilfsbedürftige, Schwache, nicht „Normale“, auf der anderen der starke, edle Helfer, entsprechend dem Verhältnis des schutzlosen Kindes zu Mutter und Vater. Christliche Nächstenliebe gerät dann in Verruf, wenn das Beziehungschema der Hilfe in einer akuten, körperlichen Not auch auf Situationen übertragen wird, die eine Gleichordnung von Mensch zu Mensch erfordern; wo nicht ein einseitiges Helfen, sondern ein Anhören, Ernstnehmen, Mitreden und Mitbestimmen nötiger wäre. Der überbesorgte, bevormundende Helfer weiß alles und denkt für den andern. Er gibt dort Ratschläge, wo der andere nur angehört werden will. Ein Almosen kann beleidigen, wenn es um das Recht geht. Der sich von seinem Reittier herablassende Barmherzige, dargestellt im Samariter, im heiligen Martin, im heiligen Franziskus von Assisi, war einst das Urbild christlicher Güte. Daraus wurde durch Unverstand der Menschen die „herablassende Barmherzigkeit“ als Bezeichnung für eine Haltung, welche unter dem Vorwand des Helfens und der Liebe andere demütigt. Die Zerrbilder christlicher Nächstenliebe weisen darauf hin, daß Einsatzbereitschaft und guter Wille bei allem Tun nicht genügen, daß sie vielmehr mit selbstkritischer Überprüfung verbunden sein müssen. Was für den andern gut ist, kann nur er selbst wissen. Die Leistung der christlichen Nächstenliebe in der Geschichte besteht darin, daß sie die Fürsorge über die Großfamilie hinaus ausgedehnt hat auf jeden Kranken, jeden Alten, jeden hilfsbedürftigen Menschen. Wo Christentum Fuß faßt, entstehen soziale Einrichtungen

wie Krankenhäuser und Armenpflege. Das wird auch von Gegnern anerkannt. Was aber mit großem Nachdruck, oft mit Erbitterung angemahnt wird, ist die fehlende Ausweitung der Barmherzigkeit im Sinne von bedingungsloser Annahme auf alle, die anders sind als wir; auf alle, die außerhalb der Kirche und der Gesellschaft stehen. Es fällt den Christen schwer, Menschen mit anderer Auffassung von Moral, Politik und Lebensstil, bedingungslos, das heißt auch mit Zustimmung der Gefühle, anzunehmen. Sie einfach gelten zu lassen ohne irgendeinen Hintergedanken gelingt nur wenigen.
Schuld daran ist die nach außen gerichtete Einstellung des traditionellen westlichen Menschen. Nur was offen ins Auge springt, können wir wahrnehmen. Eine körperliche Krankheit erregt unser Mitgefühl. Ein seelisches Problem jedoch, etwa der Kummer in einer Beziehung, zählt wenig und wird sogar als lächerlich abgetan. Ebensowenig gelten andere innere Reaktionsweisen oder von der Norm abweichende Veranlagungen. Man überträgt den aufsteigenden Abscheu vor dem verkehrten Tun auf den Menschen selbst. Als Christen sind wir es nicht gewöhnt, uns in die Situation Gescheiterter und am Rande der Gesellschaft Stehender einzufühlen. Zunächst spricht das für die Angst, wir könnten so werden wie sie. Indem wir andere ablehnen, bekämpfen wir die Stelle in uns, wo uns selbst Gefahr droht. Wir übersehen dabei, daß hinter jeder Angst ein Stück Leben verborgen ist. Wir können das „Heilmittel der Barmherzigkeit“ nur anwenden, wenn wir unser Leben in seinem vollen Umfang bejahen mit allen bisher abgewehrten Anteilen. Erst das führt zu Eigenständigkeit und Kraft des Denkens, Mut im Verhalten und Freiheit von der Angst. Um dahinzukommen

braucht es eine höhere Sensibilität für innere Vorgänge. Wer es gelernt hat, den Rahmen seines Denkens, Empfindens und Verhaltens aus seiner eigenen Lebensgeschichte zu verstehen, wird milde gegen Menschen, die nicht so sind wie er. Er kann ihnen zugestehen, daß auch sie an einen Horizont gebunden sind, der durch ihr Erbe und die Einflüsse von außen geprägt wurde.
So gesehen trifft der immer wieder erhobene Vorwurf, der Weg nach innen entziehe einen der Verantwortung für andere, nicht zu. Es ist viel eher so, daß sich im Grunde der Seele alle Menschen berühren und echte Nähe nur dort zu finden ist.
Wer könnte leugnen, daß der gütige Papst Johannes XXIII ein ganz und gar innerlicher Mensch war und gleichwohl viel Gutes für das Zusammenfinden der Menschheit, für Friede und Versöhnung getan hat? Weil er über den Parteien stand, war er auf allen Seiten anerkannt. Die Barmherzigkeit, verstanden als Wertschätzung, Mitgefühl, Weitherzigkeit und Vertrauen, die er den Menschen entgegenbrachte, kam auf ihn zurück.

„Selig, die reinen Herzens sind, denn sie werden Gott schauen“ (Mt 5,8)

In allen Kommentaren zur Hl. Schrift lesen wir, daß Jesus das Herz der Menschen will, ihre Gesinnung, nicht das bloße äußere Tun. Wer nur Vorschriften befolgt, ob sie nun die Speisen oder den Sabbat betreffen, hat keine Ahnung von der Nähe Gottes. So selbstverständlich diese Aussagen erscheinen, so schwierig wird es, wenn sich Gesinnung und Herz wandeln sollen. Gewöhnlich denkt man dabei an den guten Willen, den man aufzubringen hat. Jedoch Mühe und Anstrengung, selbst ehrliche Überzeugung kann man auch den Pharisäern und Strenggläubigen aller Zeiten nicht absprechen. Wenn Jesus von Herz spricht, dann meint er damit eher etwas, was eigentätige Kraft hat und nicht unmittelbar unserem Willen unterliegt. Im Streit um die Speisegebote und rituelle Reinheit warnt Jesus davor, daß im Herzen böse, verunreinigende Wünsche und Gefühle sind. „Denn von innen, aus dem Herzen des Menschen kommen die bösen Gedanken, Unzucht, Diebstahl, Mord, Ehebruch, Habgier, Bosheit, Hinterlist, Ausschweifung, Neid, Verleumdung, Hochmut und Unvernunft. All dieses Böse kommt von innen und macht den Menschen unrein“ (Mk 7,21).

Es ist der unbewußte Raum der Seele, der den Menschen in einer bestimmten Weise denken und handeln läßt, der Rahmen seines Erlebens und Verhaltens, aus dem er sich nicht so ohne weiteres lösen kann.

„Der gute Mensch bringt aus dem guten Schatz seines Herzens das Gute hervor, und der böse bringt aus dem bösen das Böse hervor; denn wovon das Herz voll ist, davon redet der Mund" (Lk 6,45).

Stimmungen, Leidenschaften und Ideen haben ein gewisses Eigenleben. Oft überfallen sie den Menschen, und er läßt sich von ihnen fortreißen. Was in der Hl. Schrift mit Herz bezeichnet wird, trifft ohne große Einschränkungen das, was in der modernen Tiefenpsychologie das „Unbewußte" heißt. Sein Kennzeichen ist, daß es dem Wissen und Herrschaftsbereich des Ich entzogen ist, daß es eine eigene Dynamik entfaltet und dem Ich als selbsttätige Instanz gegenübersteht. Was aus dem Unbewußten kommt, wird als spontan, gefühlvoll, ganzheitlich, aber auch als gefährlich und zerstörerisch erlebt. Wenn Jesus die Herzen für Gott zu gewinnen versucht, meint er die spontanen Äußerungen der Seele.

Das bedeutet, daß wir uns aus freiem Antrieb, einfach aus Freude Gott zuwenden und nicht gezwungen und gequält. Es wurde schon gesagt, daß Jesus selbst von plötzlichem Jubel und von Dankbarkeit gegenüber dem Vater ergriffen wurde (Lk 10,21f), daß ihn Mitleid mit dem Volk erfaßte (Mk 6,34), daß ihn die Kraft zur Heilung trieb (Lk 5,17). Die Gemütsbewegungen Jesu kamen aus einem guten und reinen Herzen.

Das unsere ist dann rein, wenn auch die Quelle unserer Antriebe, unser Unbewußtes, über das wir nicht einfachhin verfügen können, ganz auf Gott ausgerichtet ist. Erst dann lieben wir Gott aus ganzem Herzen, ganzer Seele, mit all unseren Kräften und all unseren Gedanken (Lk 10,2f). Schon immer wurde die neue Art zu fühlen und zu denken als Wunder und als Geschenk Gottes erlebt. Davon sprechen die Verheißungen des Alten Bundes: „Ich schenke euch ein neues Herz und lege einen neuen Geist in euch. Ich nehme

das Herz von Stein aus eurer Brust und gebe euch ein Herz von Fleisch" (Ez 36,26).
Tiefenpsychologisch gesehen ist bei einer solchen Wandlung das Selbst aktiv geworden. Ohne seine Kraft würde sich die andere Seite in uns nie so ordnen, daß der Blick frei wird für Gott. Das Selbst wurde als Organ für Gott bezeichnet; als jene Stelle, wo wir von Gott etwas wahrnehmen und wo Gott auf uns einwirkt; wo Gottes Stimme vernehmbar ist. Weil diese seelische Größe zugleich die Anlage der Ganzheit und der Kern unseres Wachstums ist, wird einsichtig, daß man Gott mit ganzem Herzen und ganzer Seele lieben soll. Um Gott zu schauen, bedarf es der Entfaltung des ganzen Wesens.
Menschen, die auf der Suche nach Gott sind, ahnen etwas von dem Zusammenhang, daß die Nähe Gottes das eigene Glück bedeutet. Bei den Selbstsicheren und -zufriedenen jedoch fällt eine solche Botschaft auf taube Ohren, weil ihr Organ für das Religiöse nicht geweckt ist. Jung sieht das so: „Man sollte nachgerade einmal merken, daß es nichts nützt, das Licht zu preisen und zu predigen, wenn es niemand sehen kann. Vielmehr wäre es notwendig, den Menschen die Kunst des Sehens beizubringen."[11] Dabei ist zu beachten: im Wachrufen des zentralen Urbildes können wir zunächst nur so viel tun, daß wir zur Ruhe kommen, aus den Mechanismen unserer Alltagswelt aussteigen und uns dem Geschehen der anderen Seite öffnen. Das Selbst muß erst die Möglichkeit haben, zu wirken.
Nur so schließt Gott unser Herz auf (vgl. Apg 16,14). Wir werden merken, daß uns etwas zieht. Bei den meisten Menschen erzwingt das Leid eine Änderung der Blickrichtung. Weil es außen nicht mehr weiter geht, weil es „aussichtslos" ist, müssen sie nach innen schauen.

Sie entdecken zunächst ein wirres Durcheinander von enttäuschten Hoffnungen, von unerfüllbaren Wünschen, von Ängsten, Minderwertigkeitsgefühlen, von Vorwürfen gegen andere und sich selbst. Wer in einer Krise nicht in Panik gerät und die Spannung auszuhalten versteht, wird erkennen, daß hier ein Prozeß der Reinigung am Werk ist. Er ist zu erkennen an Träumen, die von Wäsche und Waschmaschinen handeln, vom Putzen und Aufräumen von Zimmern, von Feuerstellen, Töpfen und Kochen. Reinigen hat mit Reiben und Schütteln, Erhitzen und Trennen zu tun. Wir reiben uns an allem, was bisher harmonisch verlief, wir werden wie im Winde gebeutelt. Die Hitze ist im Leid und Angespanntsein, im existentiellen Stress. Wir sind im Feuer der Läuterung. Es ist wie bei der Nahrungsaufnahme im Körper, es bedarf der „Verbrennung" mit großem Energieaufwand, damit chemische Einheiten aufgelöst und jene Teile, die der Körper aufnimmt, von den andern, die er ausscheidet, getrennt werden.
Im Prozeß der Reinigung werden seelische Einheiten, das heißt, eingefahrene Erlebens-, Denk- und Verhaltensmuster eingeschmolzen. Jene Anteile, die wirklich zu uns gehören, nimmt der seelische Organismus an, die andern fallen einfach ab. Konkret heißt das, wir verlieren von selbst das Interesse an Sachen, Vorgängen, Ideen, Wünschen und Personen, welche früher so fasziniert hatten, aber doch ohne bleibenden Wert sind. Wir werden frei von allem Fremden, das uns übergestülpt wurde oder dem wir verfallen waren. Was an uns routiniert, abgefahren, ausgehöhlt und langweilig ist, verschwindet nach und nach, und es zeigen sich schöpferische und ursprüngliche Seiten. Es bildet sich ein Spürsinn für das Echte, für die eigene Wahrheit heraus. Wir

wissen plötzlich von selbst, was wir zu tun haben und zu tun vermögen. Weil die seelische Kraft von außen nach innen gegangen ist, sind wir nicht mehr getrennt von unseren Gefühlen. Wir sind nicht mehr so verletzbar, daß der Zorn uns hinreißt (Mt 5,22).

Auf Grund einer inneren Klarheit kann ein aufsteigendes Begehren unser Herz nicht eintrüben (Mt 5,27). Wenn Herz, Verstand und Gefühl aufeinander abgestimmt sind, wenn wir eins sind mit uns selbst, dann können wir ohne Vorbehalt Ja sagen und zur rechten Zeit Nein und dazu stehen (Mt 5,33).

Das wichtigste Ergebnis der Reinigung auf dem inneren Weg ist die erhöhte Durchlässigkeit für das Transzendente. Das ist etwas anderes als vermehrter religiöser Eifer im herkömmlichen Sinn. Menschen und Dinge, denen wir begegnen, werden durchsichtig für die Nähe Gottes. Wir haben Verbindung zu den Herzen der Geschöpfe wie zum Herzen Gottes. Emmanuel Jungclaussen nennt dies „universale Kommunikation“ und bemerkt dazu, daß die Abwendung von der Welt im Prozeß der Reinigung eine Zuwendung zur Welt auf einer anderen Ebene zur Folge hat. Er zitiert den „russischen Pilger“, der über das Jesusgebet zu dieser Form des Daseins gelangt war. „Das Herzensgebet erfüllte mich mit solcher Wonne, daß ich nicht glaubte, es könne jemanden auf der Welt geben, der glücklicher wäre als ich . . . Dieses fühlte ich aber nicht nur im Innern meiner Seele, sondern auch die ganze Außenwelt schien mir wunderbar schön, und alles verlockte mich zur Liebe und zum Dank gegen Gott; Menschen, Bäume, Pflanzen, Tiere, alles war mir unsäglich vertraut, und an allem sah ich das Abbild des Namens Jesu Christi“.[12]

Der reine Mensch, der nichts Böses will und

nichts Böses tut, der vom Egoismus befreit ist, ist das Ideal vieler Religionen, ebenso wie vieler Revolutionen. Bislang sind Versuche, ihn von außen zu machen, gescheitert. Der Glaube an Jesus wird dann überzeugend, wenn er dieses Wunder, das der Wandlung des Herzens, bewirkt.

„Selig die Friedensstifter, denn sie werden „Kinder Gottes" heißen". (Mt 5,9)

Über den Frieden zu reden, ist schwierig geworden. Es werden Argumente gegen oder für den Wehrdienst, für oder gegen die Abrüstung mit einer solchen Leidenschaft vorgetragen, daß sich Gespräche sehr bald festfahren. Man darf vermuten, daß in solchen Diskussionen in der Öffentlichkeit oder in der Familie Grundängste angerührt werden. Da sind auf der einen Seite die Schrecken eines Krieges, auf der anderen Seite der Verlust der Freiheit, welche die Grundmauern des eigenen Weltbildes ins Wanken bringen. Eine Bedrohung im tiefen seelischen Bereich macht es unmöglich, neue Informationen zuzulassen, genau zu unterscheiden, gelassen und klar abzuwägen. Gegner von Waffen und militärischer Gewalt tun sich leicht, Worte Jesu für die eigene Meinung zu finden, jene von der Versöhnung (Mt 5,21–26), vom Verzicht auf Vergeltung, (Mt 5,38–42) und von der Feindesliebe (Mt 5, 43–48).
Aber selbst die Autorität Jesu vermag in solchen „Gesprächen" den Denkrahmen der anderen Seite nicht aufzusprengen.
Jeder hat für seine Vorstellung schlüssige Beweise. Selten kann man offener ersehen, wie sehr das Emotionale die Logik des einzelnen bestimmt. Weiter führt die Überlegung, daß es zunächst einmal die Menschen selbst sind, die über Frieden oder Unfrieden entscheiden. Es sind nicht die Waffen, die Kriege verursachen, sondern die Leidenschaften und Ängste der Menschen. Zudem plagt viele fernab von der Öffentlichkeit der Unfriede im eigenen Haus und im eigenen Herzen mehr als alles andere. Ein großer Teil der Be-

völkerung leidet an gestörten Beziehungen, psychosomatischen Erkrankungen und Depressionen. Es läßt sich nachweisen, daß die Psychopathen der Weltgeschichte das Elend ihrer Kindheit im großen Maßstab nach außen übertrugen. Was im Rahmen der Familie oder am Arbeitsplatz an Erniedrigungen, Demütigungen und Gewalttätigkeiten geschieht, würde auf anderer Ebene schlichtweg einem Bürgerkrieg entsprechen. Es ist nicht ganz abwegig zu sagen, daß der friedlose Zustand im kleinen mit den Spannungen im großen zu tun hat, mit den Ängsten ganzer Völker und deren Abwehr; denn Angst verlangt nach Absicherung, die wiederum Angst hervorruft.

Wie die Forschung im Mikrobereich der Biologie und Physik die Erde verändert hat, so darf man darauf vertrauen, daß die Arbeit im Mikrobereich des Zusammenlebens der Menschen, nämlich in dem der Seele, des Unbewußten, des Herzens und der persönlichen Beziehungen für den großen Frieden von Bedeutung ist. Diese Gründe sprechen dafür, mit dem Frieden beim einzelnen anzufangen.

Das hat Jesus getan. Das auffallend Neue seines Wirkens ereignete sich in der Begegnung mit einzelnen Menschen, in der Hochschätzung und Achtung ihrer Würde. Was Jesus ausmacht, ist als erstes Ereignis. Die hohen Ideale, seine „Lehre“, sind erst daraus zu verstehen. Auf das Thema des Friedens angewandt heißt das: Das Besondere an Jesus sind nicht Regeln für den Frieden, um deren Anwendung man sich streitet, sondern daß er in seiner Person den Frieden gebracht hat.

Die Geschichte des Christentums scheint dem zu widersprechen. Doch muß man vorab genau hinschauen, wie sich der Friede Jesu auswirkte. Es sei daran erinnert, daß in der Nähe Jesu Menschen zur Ruhe kommen (Mt 11,28); Lasten fallen ab; sie werden befreit von entfremdenden Mächten; sie werden sich selbst und der Familie zurückgegeben (vgl. Mk 5,1–20). Es ist das Gefühl des Daheimankommens (Lk 15,11–32), von etwas überaus Kostbarem (Mt 13,44). In der Nähe Jesu ist Verstehen, Geborgenheit und Schutz (vgl. Mt 9,10f, Lk 7,37f). Menschen können aufatmen und sich freuen, einfach, weil sie leben dürfen. Es ist sicher nicht falsch, zu sagen, daß die ersten christlichen Gruppen und Gemeinden Inseln des Friedens waren. Der Friede, den Jesus vermittelte, reichte bis in den Wurzelgrund der Existenz und überschritt sogar die äußeren Bedingungen. Er war nicht abhängig von den Zwängen der Tradition, von den politischen, sozialen und wirtschaftlichen Gegebenheiten. Weil die Christen außerhalb des Rahmens standen, wie „man" dachte und wofür „man" lebte, fühlten sie sich nicht mehr als Kinder dieser Welt, sondern als Kinder Gottes. Es gibt viele Zeugnisse von Glaubenden, die ihr Leben so im Schutzraum Jesu Christi aufgehoben wußten, daß Bedrohungen von außen, selbst die des Todes, ihre innere Gewißheit nicht erschüttern konnten. Etwas davon klingt in den Worten eines Paulus im Römerbrief an, die von seiner unüberwindbaren Überzeugung sprechen. Nicht die allerschlimmste Not, der Mangel am Lebensunterhalt, nicht die Ablehnung und der Haß der Menschen, nicht einmal das Todesurteil kann ihn von der Liebe und dem Frieden Christi trennen (Röm 9,36). Die Kraft Jesu hat sich gegen Gewalt und Unfrieden behauptet. Was als Friede Christi bekundet wird, ist mehr als die mit viel Mühe erzeugte Stimmung des Erstkommuniontages oder eine eingeredete Vorstellung von einer heilen Zukunft. Dieser Friede ist therapeutisch wirksam. Das heißt: er verändert Erleben und Verhalten und dessen emotionalen Grund, wo Menschen kaum etwas ausrichten. Jeder von uns trägt in abgestufter Form etwas von der Friedlosigkeit der Zeit in sich. Wenn die Antriebe in ihrer Eigentätigkeit nicht zum Frieden kommen, werden wir unsere Unruhe und Gespanntheit auf andere übertragen. Kleinigkeiten schon können uns zum Zorn reizen, in der Politik spricht man von Überreaktionen. Wer selbst nicht frei ist von Druck, gibt ihn an andere weiter und versucht seine Meinung und seinen Willen anderen aufzuzwingen. Der Friedlose, der um seinen wirklichen Zustand nicht weiß, überträgt die Verantwortung für die eigenen ungelösten Probleme auf nächste Angehörige oder politische Gegner und schiebt ihnen die Schuld an seinem nicht gelungenen Leben zu. So findet er immer einen Grund, auf andere böse zu sein. Die seelischen Komplexe, die sich als Empfindungen, als Gefühle der Minderwertigkeit, des Ungenügens, sogar des Ekels vor sich selbst äußern, bekämpft er in seinen Feinden. Wie von einer fremden Macht besetzt, erkennt er nicht, daß es die dunklen Gebilde des eigenen Schattens sind. Dieser Teil an ihm führt ihn wie ein böser Dämon in die Irre und hindert ihn daran, das gewollte Gute zu erreichen. Nur wenige gestehen sich ein, daß die letzte Ursache allen Unglücks in ihnen selber liegt, daß sie an der Ungeborgenheit des Daseins leiden; denn äußere Dinge wie Eigentum, Ansehen und selbst hohe Ideale können nicht das Fundament für die Existenz eines Menschen schaffen, das ihn beruhigen könnte. Die von Menschen aufgebauten Sicherheiten halten der „grund"-sätzlichen Angst nicht stand. Diesen letzten Grund des Daseins hat Jesus berührt und die Menschen dort geheilt. Die friedenstiftende Tat Jesu ist, daß er jedem, der sich ihm öffnet, die

Angst nimmt, eine letzte Geborgenheit schenkt und damit die Aufgeregtheit der Antriebe beruhigt. Wer so den Frieden mit Gott findet, gelangt zur Mitte seiner Existenz. Ihm wird eine Erfahrung jenseits aller Worte zuteil; eine Gewißheit, daß er mit einer allumfassenden Ordnung im Einklang ist.

Die nächste Frage lautet: Wie weit ist der beschriebene Zustand sozial bedeutsam? Wie weit kann er tatsächlich den Frieden verbreiten? Denn unausrottbar ist der Verdacht, wer den eigenen Herzensfrieden will, verrate die großen Aufgaben in der Welt. Die Fähigkeiten eines Friedensstifters müssen sich an den psychologischen Gesetzmäßigkeiten bei verfeindeten Personen und Gruppen ausrichten, und das geht nicht ohne die Erfahrung des eigenen Innern.

Feindliche Parteien sind zwei Heerlagern vergleichbar, die nur den Feind vor sich sehen. Jede Seite versucht, Boden zu gewinnen und den andern, wenn nicht mit gefährlichen Waffen, so doch mit tödlichen Argumenten niederzuringen. Man fühlt sich angegriffen und kämpft ums bloße Überleben. So ist es in vielen Ehen, aber auch bei weltanschaulich politischen Diskussionen. Der Grund für das Auflaufen und das Aufsteigen der Ängste liegt unter anderem darin, daß jeder sich mit einer bestimmten Sicht und Bewertung der Wirklichkeit und mit der dazugehörigen Gruppierung – Konfession, Partei, kirchenpolitische Richtung – identifiziert. Dazu sei bemerkt, daß die Identifikation eher ein Vorgang des Unbewußten ist, eine emotionale Vorentscheidung für einen Bewußtseinsrahmen, denn Ergebnis kritisch-logischer Folgerungen. Weil die eigene Existenz so eng mit einer Idee und Gruppierung verbunden ist, bedeutet deren Niederlage den Zusammenbruch des Selbstwertgefühls. Man denke an die moralische Gestimmtheit der Deutschen nach den Niederlagen der beiden Kriege. Je größer die Bedrohung, desto mehr muß man sich nach außen abschließen und nach innen zusammenhalten; desto größer ist auch die Ablehnung der andern. So kann man auch jene Stelle aus der Bergpredigt verstehen, die Nächstenliebe und Feindeshaß nebeneinanderstellt: „Du sollst deinen Nächsten lieben und deinen Feind hassen!" (Mt 5,43). Den Feind zu hassen wurde nach Pinchas Lapide bei den Juden nie gelehrt;[13] wohl aber führt eine blinde Parteinahme für eine Seite zwangsläufig dazu, nur die eigenen Leute zu lieben, kritiklos alle Ziele und Maßnahmen zu bejahen, aber umso mehr die Außenstehenden anzufeinden.

Den wenigsten ist bewußt, daß sich das eigene Böse im Feind widerspiegelt. Feindbilder halten sich deshalb so lange, weil sie dazu dienen, Kritik in den eigenen Reihen abzuwehren. Nach dem Gesagten ist eine ausschließende Parteinahme für eine bestimmte politische, weltanschauliche oder religiöse Gruppierung kein Weg, um Haß und Feindschaft zu überwinden. Ein Vermittler in Konflikten wird dann akzeptiert, wenn jede Seite sich in ihren lebensnotwendigen Bereichen von ihm verstanden und aufgehoben weiß. Nur in einem Klima des Vertrauens können alte Ansichten aufgegeben und neue zugelassen werden. Deshalb dienen am ehesten solche Menschen der Versöhnung, welche die Kraft haben, eine angespannte Atmosphäre zu entschärfen, und damit Umsicht und Weitblick verbinden, um jedem Schutz und Lebensraum zu gewähren. Dies trifft für den engen, emotionalen Rahmen einer Partnerschaft und Familie zu, aber ebenso für den großen politischen Bereich. Die Vermittlerrolle kann niemand eifernd an sich reißen. Sie ist eher

etwas, das einem Menschen auf Grund seines persönlichen Reifens, seiner Verläßlichkeit und Echtheit, seines ausgewogenen Weltbildes und seiner Menschen- und Sachkenntnis zuwächst.
Klaus von der Flüe konnte in den Wirren des 15. Jahrhunderts einen Bürgerkrieg verhindern. Es waren nicht nur die Ehrlichkeit und die Lauterkeit seiner Absichten, die überzeugten. Der Grund, warum sein Wort etwas galt, lag gewiß auch darin, daß er als ehemaliger Ratsherr nüchternen Sachverstand für politische Möglichkeiten besaß. Die Ausstrahlung des Einsiedlers wurzelte in seiner religiösen Kraft, genauso wie in seiner Welterfahrenheit und in der Entscheidung für seine Lebensweise. Er wußte um die Alltäglichkeiten des Zusammenlebens und stand doch über den Heerlagern seiner Zeit. Das Bild von der Sonne, die Guten und Bösen leuchtet (Mt 5,44), paßt gut auf ihn. Menschen wie er wurden zum „Licht der Welt" (Mt 5,14). Seine Art zu leben war nicht ein lebensfeindliches Eigendasein, vielmehr besaß er die Kraft des Sauerteigs, der trotz der geringen Quantität die Qualität einer großen Menge verändert (Mt 5,14).
Weil er sich nicht von den Tagesmeinungen und den Kämpfen um Vorteile aufsaugen ließ, ging von ihm Einfluß auf alle aus.
Bedeutende Persönlichkeiten suchten seinen Rat und seine Hilfe, ebenso das einfache Volk; denn all das, was Menschen bewegt, hatte er selbst durchlitten und zum Frieden gebracht. Seine leidvolle Lebensgeschichte und die Wucht seiner Innenerfahrung machten ihn glaubwürdig.[14]
Zu Friedensstiftern werden Menschen, wenn sie auf dem Weg zur Ganzheit ihrer Persönlichkeit sind, das heißt, wenn die abgespaltenen dunklen Anteile mit dem Ich zu einer Einheit verwachsen und nicht mehr nach außen projiziert werden.

Wer so zum Frieden mit sich selbst kommt, wird fähig, es auszuhalten, daß andere anders sind. Er kann deren Anliegen und Argumente würdigen und sogar vieles als Bereicherung für seine Suche nach Wahrheit annehmen. Jeden Menschen, der einem begegnet, um seiner selbst willen bejahen und nicht nur weil er dieselbe politische oder religiöse Richtung vertritt, ist eine sehr schwere Aufgabe. Aber ohne sie zu übernehmen geht es nicht weiter.

Immer wieder wird in Gesprächen bestätigt, daß eine solche Einstellung Menschen befriedet. Verletzungen heilen und Haßgefühle schwinden, wenn jemand das Gefühl bekommt, daß er ernst genommen wird. Jene von Carl Rogers aufgestellte Maxime der bedingungslosen positiven Wertschätzung kann nicht ausreichend genug jedem, der sich um Frieden bemüht, ans Herz gelegt werden. Die Geschichte kennt Friedensstifter innerhalb und außerhalb des christlichen Lagers. In unserer jüngsten Zeit leuchten Namen wie Mahatma Gandhi, Martin Luther King, Dag Hammarskjöld, Johannes XXIII und Roger Schutz. Sie beweisen, daß Echtheit und Tiefe des Menschlichen und Spirituellen Kräfte zur Weltgestaltung freisetzen.

Zum Thema des Friedens sollten wir noch bedenken:

Wir sind Kinder eines Volkes, einer Kultur, einer Religion und einer Politik. Es sind Mauern, die wir zunächst zu unserem Schutz brauchen, aber die uns von einander fernhalten.

Wir machen sie durchlässiger, wenn wir mit Herz und Verstand den Frieden Christi in uns zulassen. So könnte es gelingen, weniger Kinder eines Landes, eines Weltbildes und einer Zeit zu sein als Kinder des einen Gottes.

„Selig, die Verfolgung leiden um der Gerechtigkeit willen, denn ihrer ist das Himmelreich“
(Mt 5,10).

Die Worte Jesu von der Freude der Ausgestoßenen und Verfolgten tauchen gewöhnlich in Diskussionen um die Bergpredigt nicht auf. Sie sind ein Rätsel für jeden, der den gängigen Denk- und Erlebnisformen der Zeit verhaftet ist. Denn zunächst löst jede ungerechte Behandlung Wut und Verbitterung aus bei dem, den sie trifft, und dann auch bei denen, die sich mit ihm solidarisieren. Die moralische Entrüstung ist heute Ausdruck eines öffentlichen Gewissens, das doch viele Mächtige nicht so ohne weiteres übergehen können. Von all dem steht nichts in der Rede Jesu, wohl aber wird in dem bei Lukas anschließenden Text sofort zur Feindesliebe aufgerufen; die Jünger Jesu sollten segnen statt fluchen; für die beten, die sie beschimpfen; sogar die andere Wange hinhalten, wenn sie geschlagen und den Rock noch geben, wenn sie bestohlen werden (Lk 6,27–29, Mt 5,38f, 5,43f). Und bei all dem sollten sie die Freude nicht verlieren, in einem solchen Schicksal sogar eine Chance sehen. Mit den Augen der gebräuchlichen Psychologie gesehen ist ein solches Ansinnen beinahe eine Unmöglichkeit. Im kirchlichen Raum führte ein schiefes Verstehen dieser Aufforderung zu einer Haltung, welche Zorn unterdrückt und Konflikte vermeidet. Darin liegen die Ursachen der vielen Spaltungen und der erlahmenden Kraft des traditionellen Christentums.

Verfolgte sagen, daß es den Frieden Christi sogar in Mißhandlungen gibt. Trotzdem bleibt da noch ein langer Weg, bis wir von einem erlittenen Unrecht zur Freiheit von Haßgefühlen und zur vollen freudigen Bejahung des eigenen bitteren Schicksals kommen. Wir sollten aber auch sehen, daß Jesus nicht jeder erlittenen Ungerechtigkeit die Freude zuspricht, sondern der Verfolgung wegen der Gerechtigkeit (Mt 5,10), seinetwegen (Mt 5,11), wegen des Menschensohnes (Lk 6,23). Gemeint sind Menschen, die um die Gerechtigkeit im Sinne Jesu wissen und damit in Kontakt stehen. Gerechtigkeit wurde als Einssein mit sich selbst, als Identität bezeichnet. Es hat mit Abgrenzung im gedanklichen und emotionalen Bereich zu tun. Wie schon über die Sanftmut gesagt wurde, schließt die von Jesus selbst gelebte innere Befindlichkeit, die er seinen Jüngern vermittelt, eine Freiheit dem gegenüber ein, wie man herkömmlich emotional reagiert und denkt.

Von Menschen, mit denen wir emotional am engsten verbunden sind, den eigenen Eltern, sollen wir uns trennen (Lk 14,26) und solchen, denen wir gefühlsmäßig am entferntesten sind, den Feinden, sollen wir nahekommen (Mt 5,44). Es gibt deshalb gute Gründe zu sagen, daß der Schwerpunkt des neuen Menschen in einer gewissen Unabhängigkeit gegenüber dem natürlichen Verlauf der Emotionen besteht. Dies darf nicht als Vergewaltigung der inneren Natur verstanden werden, sondern eher so, daß durch die Neuheitserfahrung des Religiösen, der „Nähe des Himmelreiches“, neue Flußbette für die Gefühle geschaffen werden. Der Strom des Lebens, der Antriebe, Stimmungen, Wünsche, „Neigungen“, wendet sich von außen nach innen, um dann auf einer tieferen Ebene die Wurzel aller Wesen zu erreichen, wie es in einem mittelalterlichen Meditationsbild dargestellt ist.[15]

Weil „Gott anders“ ist,[16] wird jeder, der von ihm berührt wird, anders. Er paßt in den herkömmlichen Rahmen der gemeinsamen Überzeugungen von Recht und Unrecht, von Weltordnung, von Meinungen und Schlußfolgerungen nicht mehr hinein. Das ist für die Umgebung sehr bedrohlich, weil die bisherigen Selbstverständlichkeiten und oberflächlichen Sicherheiten in Frage gestellt und damit Ängste erzeugt werden. Jesus erinnert in diesem Zusammenhang an die Propheten der jüdischen Geschichte, die aus der Urerfahrung des Religiösen, aus seiner unmittelbaren Wucht, die Wahrheit über den Zustand und die Zukunft des Volkes aufdeckten. Hinter dem Wort Gerechtigkeit steht also der Einbruch Gottes in das Leben eines Menschen, der aus dem gewachsenen emotionalen und geistigen Umfeld herausgerissen wird.

Ablehnung und Verfolgung zwingen ihn dazu, sich dem An-Spruch Gottes noch mehr zuzuwenden. Denn alle bisherigen Belohnungen von außen durch Anerkennung und Lob versagen. Er kann sein seelisches Gleichgewicht und sein Selbstwertgefühl nur bei der neu entdeckten Kraftquelle finden. Durch die Widerstände von außen muß er sich auf die inneren Räume der Gewißheit und Freiheit zurückziehen und so werden diese erweitert. Die Not läßt es nicht anders zu, als daß er seinen ureigensten Bereich noch deutlicher sieht und abgrenzt. Damit wird er als ganzer Mensch aufgerufen und umgestaltet. Ein erlittenes Unrecht muß nicht ein ewiges Unglück sein, sondern ist eine Herausforderung bis in die letzten Tiefen der Existenz.

Man muß dazu noch eines bedenken: Die Erfolgreichen, die fest in Positionen und Ämtern sitzen, auch die allseits Beliebten werden ständig durch das soziale Umfeld bestätigt. Sie brauchen ihre Lebenseinstellung nie zu hinterfragen. Sie können alle unangenehmen Impulse gut unterdrücken und alles Böse auf den Gegner abwälzen. Sie merken nicht, daß sie sich so eine künstliche Welt aufbauen, und kommen dadurch nie zur Wahrheit ihres Lebens. Von ihnen sagt Jesus: „Wehe, wenn euch alle Menschen loben!" (Lk 6,26). Durch Widerspruch und Abweisung jedoch kann eine solche Scheinwelt erst gar nicht entstehen, eine vorhandene bricht zusammen. Dann steht ein Mensch vor der Frage: Wer bin ich ohne Rang und Titel, ohne Amt, ohne Absicherungen und Beziehungen, „ohne Kleidung"? In einer Verfolgung reicht diese Frage bis in die Sphäre des Todes hinein.

Alles kommt darauf an, die volle Wirklichkeit, alles Leid und alle Verlassenheit, allen Zorn und alle Wut zuzulassen und doch dabei auf dem schon gewonnenen Terrain, der Gerechtigkeit, standzuhalten. Dies kann so einschneidend und schmerzlich sein wie das Abhacken der rechten Hand und das Ausreißen des rechten Auges (Mt 5,29).

Die Antwort kommt nicht aus einer äußeren Belehrung, auch weniger von gedanklichen Erwägungen, sondern aus dem bewußt wahrgenommenen und bejahten, ganzheitlichen, seelischen Prozeß. Das heißt: eine Lösung geht einem erst nach und nach auf.

Es ist nicht die Lust am zugefügten Leid, die Jesus selig preist. Vielmehr ist die Verfolgung deshalb zum Heil, weil sie die Konfrontation mit den Grundbestimmungen des Daseins bringt, oder anders ausgedrückt, weil sie den Menschen vor die Entscheidung stellt, endgültig in die Tiefe des Seins einzutauchen und sich in den Abgrund Gottes fallen zu lassen oder zu verzweifeln. Sie läßt es nicht zu, daß einer weiter ein Leben in Belanglosigkeit führt. Eine Krise ist zugleich eine Chance. Niemand kann sie absichtlich herbeiführen, sie wird einem auferlegt und sei es durch ein ungetanes Unrecht.

Wer in Echtheit und Treue zu sich selbst seinen einsamen Weg geht, wird erkennen, daß Aggressionen nicht zerstören müssen, weder einen selbst, noch andere. Sie sind zunächst ein Zeichen der Lebendigkeit, ein Mittel, um mit sich selbst in Kontakt zu treten und sie liefern die Kraft, die eigenen Grenzen genauer abzustecken.

In Zeiten der Krise finden viele intensiver als sonst in Gebet und Meditation Trost und Sicherheit. Jedoch ist die bewußte Auseinandersetzung mit der Umgebung für das Wachstum der Persönlichkeit unabdingbar. Es braucht ein Feld, wo einer lernen kann, mit ganzem Einsatz zu sich selbst zu stehen. Deshalb kann der Weg mit Jesus das Schwert mit sich bringen, so daß man den eigenen Angehörigen als Feind gegenübersteht (Mt 10,36).

Das bedeutet, daß Emotionen von außen zurückgezogen, affektive Bindungen an Menschen, Dinge und Ideen aufgelöst werden. Es schließt ein, daß Erwartungen an Nahestehende und Gruppen nach Zuwendung und Anerkennung, selbst nach gerechter Behandlung sich verlieren und damit auch die Ressentiments wegen der erlittenen Enttäuschung. Alle Kräfte sammeln sich in der Mitte, zur Eigentlichkeit der Existenz. Das macht die Würde und Größe eines Menschen aus und verleiht seinem Leben Dichte und Glanz.

Ein junger Mann, der auf einer Missionsstation in Brasilien arbeitete, berichtet:

„Auf der Station, wo ich war, wurde einer der Brüder erschossen. Am Abend wußte keiner, ob er den Morgen noch erlebte. Jeder neue Tag wurde uns im wörtlichen Sinn geschenkt. Das erfüllte jeden mit unendlicher Dankbarkeit. Das Leben im Busch war für mich die reichste Zeit. Ich

möchte es gegen nichts tauschen. Hingegen öden mich Wohlstand und Sicherheit in Europa an."
Die Verfolgung als Stachel zum Guten zu sehen, ist schwer. Und doch ist sie die Probe der Echtheit einer Überzeugung im Sinne Jesu; denn die Euphorie der Gruppe, die ansteckende Begeisterung durch Gleichgesinnte, gibt es überall. Die Freude der um der Wahrheit willen erlittenen Not ist selten. Wer jedoch nicht zerbrochen und verbittert aus einem Konflikt hervorgeht, hat die Kraft, der Spirale der Gewalt Einhalt zu gebieten.

Schluß

Der Versuch, die Bergpredigt für Menschen unserer Zeit zu erschließen, bedeutet, eine Brücke zu schlagen von der Erlebniswelt der ersten Jünger Jesu zu dem, wie heute Menschen fühlen und denken. Gewiß, manche meinen im Hinblick auf schreiendes Unrecht, auf die erdrückende Not so vieler, auf eine kommende Katastrophe seien von der Botschaft Jesu her flammende Aufrufe das einzig richtige. Jedoch zu häufig und mit zuviel Energie wurde schon an den guten Willen appelliert, so daß die meisten gegenüber allem, was von außen ihre Lebenseinstellung ändern will, abgestumpft sind. Zudem können flammende Reden im besten Fall ein Feuerwerk anzünden. Aufbauen und Wachsenlassen jedoch erfordern Nüchternheit und Geduld. Es braucht die Weisheit, die Möglichkeiten der Wandlung zum Besseren im Kleinen zu sehen und konkrete Schritte aufzudecken.

Was sollte uns daran hindern, dazu die Erkenntnisse der seelischen Heilkunst unserer Zeit, der Psychotherapie zu Hilfe zu nehmen?
Fast ist es beschämend für uns Christen, wenn uns diese Seite Werte und Verhaltensweisen aufzeigt, die wir als urchristlich bezeichnen können, die aber im kirchlichen Raum nicht mehr blühen. Was ist die „bedingungslose positive Wertschätzung", die Carl Rogers zur obersten Norm im Umgang mit Menschen in Gruppe und Einzelgespräch erhebt, anders als das Gebot der Liebe? Die Anleitung dazu, nämlich aufeinander zu hören, einander zu verstehen und zu respektieren, führt, so darf man meinen, an der Gesinnung Jesu nicht vorbei.

Sogar die Vision des neuen Menschen erscheint in

den Vorstellungen des genannten Therapeuten und noch vieler anderer.
Der neue Mensch wird offen sein für die innere wie die äußere Welt, echt und wahrhaftig in dem, was er sagt und tut. Er ist skeptisch gegenüber einer einseitigen Wissenschafts- und Fortschrittsgläubigkeit und strebt nach Einheit von Körper, Seele, Geist. Das Fühlen, Denken und Verhalten darf nicht mehr voneinander getrennt sein. Er will nicht mehr als Vereinzelter leben und sucht Nähe, genauso nimmt er Anteil an den Nöten anderer. Mit der Natur empfindet er tiefe Verbundenheit und schützt sie.
Die neuen Menschen in der Sicht Roger's verlassen sich mehr auf die innere Autorität, die durch bewußte Arbeit gewachsen ist, als auf äußere. Materielle Anreize und Belohnungen sind ihnen unwichtig. Das Geld ist nicht ihr Lebensziel. Vor allem sind sie bewegt von der Sehnsucht nach dem Spirituellen.
„Sie möchten einen Sinn und ein Ziel im Leben finden, die größer sind als das Individuum. Ihre Helden sind spirituelle Menschen, Mahatma Gandhi, Martin Luther King, Teilhard de Chardin". Sie erforschen die alten Wege, auf denen die Menschheit seit alters Halt und Sinn, überindividuelle Werte und Kräfte gefunden hat.[17]
Rogers beschreibt Personen, die auf Grund der Arbeit in seinen Gruppen zu diesen Einsichten und Einstellungen gekommen sind. In ihnen sieht er die Menschen von morgen. Der wachsende Erfolg und die Verbreitung seiner Methode scheinen ihm Recht zu geben.
Gewiß kann man von christlicher Seite aus nach Irrtümern und Mängeln bei Rogers suchen und sich von seiner Sicht des Menschen abgrenzen. Aber es läßt sich nicht leugnen, daß hier ein urchristliches Anliegen aufgegriffen und, wenn

auch in Unvollkommenheit, gelebt wird. Eher sollten wir es mit der Auffassung Jesu halten, daß auch außerhalb der eigenen Reihen Gutes geschieht. Hat er doch einem, der nicht zu seinen Jüngern gehörte, erlaubt, in seinem Namen Dämonen auszutreiben (Mk 9,39).

Es ist sogar so, daß uns der Umgang mit Menschen, wo die Achtung vor jedem einzelnen an erster Stelle steht, auf den Weg des Evangeliums bringt. Der Respekt vor dem Schicksal, den Gefühlen und Überzeugungen Andersdenkender macht uns bescheiden und demütig und bereit zu lernen. Arm im Geist kommen wir an der Quelle alles Lebendigen an und beginnen Worte wie „neuer Mensch“ (Eph 4,24) „neue Schöpfung“ (Gal 6,15), „neues Leben“ (Röm 6,4) „neu“ zu lesen.

Anmerkungen

[1] Vgl. Eduard Schweizer: Das Neue Testament Deutsch, Das Evangelium nach Mathäus, Göttingen 1986/45

[2] Lektionar, die Schriftlesungen für die Gedenktage der Heiligen, herausgegeben von der Deutschen Bischofskonferenz 1971, welche die damalige Einheitsübersetzung zur Grundlage hatte. siehe: Fest Allerheiligen.

[3] E. Schweizer: a.a.O.

[4] Josef Schmid: Das Evangelium nach Mathäus, Regensburg 1952

[5] Pinchas Lapide: Wie liebt man seine Feinde? Mainz 1984/84

[6] Vgl. E. Schweizer: a.o.O.

[7] Erich Fromm: Haben oder Sein: Die seelischen Grundlagen einer neuen Gesellschaft, München 1979

[8] Vgl. Marcel Légaut: Meine Erfahrungen mit dem Glauben, Freiburg 1979/214 f

[9] Vgl. Die Dreigefährtenlegende, herausgegeben v. S. Clasen und E. Grau Werk 1982/203 f

[10] Vgl. Augustinus, Bekenntnisse VIII/12

[11] Vgl. C.G. Jung, GW Bd. 12, Olten 1972/27

[12] Vgl. Emanuel Jungclaussen: Das Jesusgebet, Regensburg 1985/16 und „Aufrichtige Erzählungen eines russischen Pilgers“ zitiert ebenda

[13] Pinchas Lapide: Wie liebt man seine Feinde, Mainz 1984/17

[14] Vgl. der Verfasser: Heilige, Modelle christlicher Selbstverwirklichung, Münsterschwarzach 1984/39

[15] Vgl. Alfons Rosenberg: Christliche Bildmeditation, München 1975/66

[16] Vgl. John A.R. Robinson: „Gott ist anders“, München 1965

[17] Carl R. Rogers: Der neue Mensch, Stuttgart 1980/183